출판편집자가 말하는

편집자

기획 & 진행 변정수 출판컨설턴트

지은이들 정은숙 마음산책 대표 | 김지혜 한울림 편집부 | 김진구 한길사 편집부 | 김종진 삼인 편집부 편집팀장 | 이진숙 해냄출판사 문학인문비소설주니어 편집장 | 이현정 이레 편집장 | 안영찬 효형출판 편집부 편집팀장 | 강혜진 길벗 경제경영 편집장 | 신옥희 보리 편집부 | 정전희 꿈을담는틀 편집부 국어팀장 | 박현미 아이세움 만화팀장 | 현상철 성균대학교 출판부 기획팀장 | 이홍 리더스북 그룹 대표 | 차익종 아카넷 기획위원 | 강무성 열린책들 편집주간 | 김흥민 북스피어 대표 | 강성민 글항아리 대표 | 이승희 비채 편집부 | 김희중 지호 편집부 | 박성훈 세계사 편집부 문학팀장 | 권오준 더난출판 기획편집부 | 이우희 두리미디어 편집장 | 변정수 출판컨설턴트

출판편집자가 말하는 편집자

2009년 9월 2일 초판 1쇄 발행
2019년 9월 25일 초판 6쇄 발행

지은이 정은숙 외 22인
펴낸곳 부키(주)
펴낸이 박윤우
등록일 2012년 9월 27일
등록번호 제312-2012-000045호
주소 03785 서울 서대문구 신촌로3길 15 산성빌딩 6층
전화 02) 325-0846
팩스 02) 3141-4066
홈페이지 www.bookie.co.kr
이메일 webmaster@bookie.co.kr
제작대행 올인피앤비 bobys1@nate.com
ISBN 978-89-6051-057-9 14300
ISBN 978-89-85989-61-9 (세트)

부키 전문직 리포트 13

출판편집자가 말하는

편집자

23인의 출판편집자들이
솔직하게 털어놓은
편집자의 세계

부·키

1장 출판편집자는 누구인가

2장 새내기 출판편집자의 고군분투 일기

3장 다양한 출판편집자의 세계

일러두기

1. 책, 잡지, 신문은 『 』, 인터넷신문은 「 」, 시리즈 이름은 ' ', 방송, 예술작품 이름은 〈 〉로
   표기하였다.
2. 본문의 소괄호 중 본문 글씨와 같은 크기로 병기된 것은 저자의 글이고, 그보다 작은 괄호는
   편집자 주이다.

1장

출판편집자는 누구인가

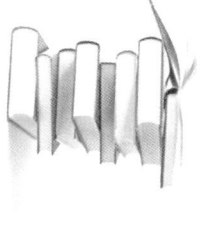

출판편집자는 어떤 사람인가

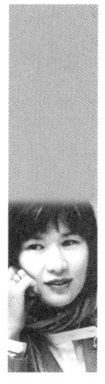

| 정은숙 |

마음산책 대표, 25년차 편집자. 책의 아우라를 극대화하면서도 너무 무겁지 않은, 정보 전달의 효능은 극대화하면서도 그 모양새와 품위를 다시 보게 되는, 그런 책을 펴내려고 애쓰고 있다. 『편집자 분투기』(2004)의 저자이기도 하다.

나는 편집자로 일하는 것이 좋다. 좋은 필자들도 만나고, 좋은 독자들도 만나면서 배우고 익히는 것이 좋다. 필자들과 온갖 삶의 주제들에 대해 고민하고 이를 책으로 만드는 일을 실행하면서, 언젠가는 나만의 앎과 지혜도 쌓게 되리라 믿고 애쓰고 있다. 많은 직종이 그렇지만, 편집자도 그저 경제적인 목적으로만 존재하지는 않는다. 돌아보면 책이 잘 팔려서 신명난 적도 있었지만, 그렇지 못했던 날이 헤아릴 수 없이 더 많았다. 그럼에도 결국 편집 일을 계속하는 것은 다른 무엇보다도 이 일이 주는 매력이 크기 때문이라고 하지 않을 수 없다.

편집자는 누구인가. 편집자는 무엇을 하는 사람인가. 나 자신에게 다시 묻는다.

편집자 : 안 보이는 사람

책을 만드는 데 관계되는 사람은 여럿이다. 편집자는 물론이고 제작자, 영업자도 한 권의 책이 온전히 만들어져 세상에 나갈 수 있도록 조력하는 사람이다. 제작과 편집이라는 차원에서 보면 책은 하나의 상품이고, 출판은 정보를 파는 산업이기도 하다. 그러나 편집자가 돈 버는 행위, 그 자체를 출판의 중심에 놓지는 않는다. 책이라는 대상이 신묘해서, 상업적인 물건으로 의도한 책이 반드시 상업적이지만도 않고 또 비상업적인 책이 종종 상업적이 되기도 한다. 이처럼 '불규칙 바운드'가 빈발하는 곳이 바로 출판업이다.

흔히 저자가 아닌 책의 기획자를 편집자라고 부른다. 편집자는 저자를 돕고, 때론 견인하며 저자를 성립시키는 존재라는 데 가장 큰 미덕이 있다고 알려져 있다. 그래서 대체로 편집자는 저자의 뒤에 숨어 있다. 그러나 편집자의 존재가 저자나 작가의 뒤에 있다고 해서 그 중요성이 감소되는 것은 아니다. 그것은 책 사용자(독자)의 매뉴얼을 누구보다도 잘 알고 있는 편집자가 책에 어떤 요소를 첨가하기 때문이다. 편집자가 책에 투여하는 요소들은, 책을 아주 신선한 것으로도 또는 졸작으로도 둔갑시키는 데 결정적인 작용을 한다.

예컨대 엘리엇의 〈황무지〉가 오늘날과 같은 빼어난 형태가 된 것은 에즈라 파운드라는, 후견자이면서 동시에 편집자를 자임했던 사람의 '작용'이 있었기 때문이다. 원문을 반 이상 잘라 내어 시에 세련성을 부여한 에즈라 파운드가 없었다면 아마 〈황무지〉는 범속한 작품이 되었을지도 모른다.(이는 시인도 인정했다.) 적어도 책의 세계에서 보면 이런 편집자의 역할을 과소평가할 수는 없을 것이다.

:: 편집회의는 긴장감 속에서도 설렘이 있다. 새 책에 대한 기대감이 있기 때문이다. 마음산책 편집회의 풍경.

독자는 편집자의 존재를 몰라도 책을 읽는 데 지장이 없다. 그러나 알고 나면 사용자의 매뉴얼이 더 풍성해지지 않을까? 적어도 나는 그렇다고 생각한다. 더구나 최근 들어서 책의 기획자로서 편집자의 역할이 점차 늘어나고 있다. 따라서 책을 기획하고 편집한 사람의 존재와 역할을 알수록 책이 내포하는 의미도 커질 수 있다. 하지만 아이러니하게도 편집자는 책의 이면에 잘 숨어 있을 때, 저자의 이면에 잘 숨어 있을 때 더 돋보인다. 극단적으로 표현하자면 '편집자는 책에 기생하는 존재'이니까.

밀란 쿤데라의 책 제목을 빌릴 것도 없이, "생은 다른 곳에 있다." 즉 책 속에만 삶이 있는 것이 아니라는 말이다. 어떤 이들은 오히려 책 밖에 삶이 있다고 들려주기도 하는데, 내 생각에는 책 안팎 모두에 삶이 있지 않을까 싶다. 편집자는 적어도 책 속에 있는 삶을 책임져 줘야 한다. 하지만 동시에 책 밖에도 삶이 있음을 각성해야 한다. 어떤 편집자는 책에 묻혀서 살다가 책에 묻혀 죽는다. 그럴 때 그의 삶은 책이 전부가 되는 것이다.

편집자 : 생존해야만 하는 사람

편집자의 삶은 소속된 출판사의 상황과 맞물려 돌아간다. 수많은 출판사들의 사정을 속속들이 들여다볼 여유는 없지만, 편집자의 삶이 출판사에 매여 있는 사정을 짐작하기는 어렵지 않다. 편집자에게 출판사는 꿈을 낳는 공장인 것이다. 그런데 그 공장은 꿈만 낳는 것이 아니라 돈도 낳는다. 전자에 치중하는가, 후자에 치중하는가에 따라서 소규모 출판과 메이저 출판으로 나눌 수도 있겠지만, 그리 단순한 문제는 아니다. 소규모 출판도 꾸려 나가려면 잘 팔리는(물론 여기에도 어느 정도 한계가 있지만) 책이 몇 가지는 있어야 하고, 메이저 출판사의 경우도 출판의 존재감을 보여 줄 만한 책이 있어야 존립하는 면이 있기 때문이다. 그래서 이런 규모의 문제, 출판관의 문제를 떠나 편집자의 정체성을 논하기는 어렵다.

나는 랜덤하우스의 편집진이 오늘날 미국 내에서 최고 수준이라고 생각한다. 우리는 정말 대단한 책들을 펴냈으며, 그것을 판매할 수 있는 가장 뛰어난 영업자들을 두고 있다. (……) 랜덤하우스와 크노프와 판테온의 기간도서목록을 합치면 정말 대단한 책들이 많은 까닭에, 나는 향후 20년 동안 우리가 지금껏 벌어 온 것보다도 더 많은 돈을 벌 것이라 확신한다. 우리의 기간 도서목록만 훑어봐도 마치 길에서 황금을 손쉽게 주워오는 것 같기 때문이다. 세상에 이런 일이 또 있을까!

–베네트 서프, 『내 멋대로 출판사 랜덤하우스』, 510쪽(정혜진 옮김, 씨앗을 뿌리는 사람, 2004)

랜덤하우스의 창립자이자 출판계의 신화적 인물 베네트 서프의 이런 말을 들으면, 한마디로 출판을 안 할 사람이 없을 듯하다. 물론 그가 출판사를 운영한 시대는 미국 내 출판사의 지형도가 제대로 자리를 잡지 않았을 무렵이었으므로 그만큼 기회도 많았고, 또 베네트 서프 자신의 표현대로 운도 많이 따랐다. 그런데 『내 멋대로 출판사 랜덤하우스』를 보면 이렇게 순풍에 돛 단 듯 운영하던 회사 이야기가 후반부로 갈수록 점차 인수 합병 이야기로 바뀌어 간다. 그 자신은 랜덤하우스가 제대로 값을 받고 RCA(미국의 전기·방송 회사)에 합병된 것을 자랑스럽게 말하곤 있지만, 메이저가 아니면 살아남을 수 없는 미국 출판계의 속사정이 드러나는 듯해서 씁쓸하다.

이런 점을 제외하면 베네트 서프의 삶은 한마디로 '러키'한 삶이었다. 제임스 조이스의 『율리시즈』를 영어권에서 최초로 출간했고(외설로 낙인찍힌 책을 떠들썩한 구설과 함께), 유진 오닐, 거트루드 스타인, 윌리엄 포크너, 싱클레어 루이스, 트루먼 커포티, 제임스 미치너, 아인랜드, 윌리엄 스타이런 등의 작품을 펴냈다. 그는 자신의 칼럼도 타 출판사에서 펴내 베스트셀러를 만든 인물이기도 하다. 결국 출판인은 책을 통해 모든 것을 말할 수 있고, 또 그 자신은 잘 안 보이지만 모든 것을 중재하는 사람일 것이다.

편집자의 삶도 이 출판인에게서 유추해 볼 수 있다. 편집자의 생존

술은 독자들의 욕구를 잘 파악하여, 이를 현실화하는 능력에 있다. 독자의 욕구라고 하면 거칠게 보아 다음 두 가지를 꼽을 수 있다.

먼저 일차적인 욕구로, 실생활에 당면한 욕구라고도 할 수 있다. 현실적으로 당장 필요한 정보를 구하려고 책을 들게 되는 독자를 상정할 수 있다는 말이다. 가령 범박하게 말해 관혼상제에 대해서 소상히 알고 싶어서 책을 사는 독자가 있다면 이 경우에 해당할 것이다.

다음으로는 이차적인 욕구가 있는데, 이는 항구적 욕구, 본원적 욕구라고 할 수 있다. 인간은 누구나 늙고, 병들고, 죽는 운명의 수레바퀴에 갇혀 있다. 가령 '웰빙'에 대응하는 '웰다잉'의 문제를 떠올릴 때, 우리는 이런 문제 앞에서 흔히 오래된 지혜, 즉 고전이라고 하는 것들에서 그 해답을 구하게 된다. 아주 단순한 사례를 들어 설명했지만, 정보 습득의 측면에서 보면 화급의 정도, 깊이의 정도 등으로 독자의 욕구를 나눠 볼 수 있다.

편집자도 한 명의 독자다. 그런데 한 명의 독자로서 만족해서는 안 되는 것이 편집자의 운명이다. 편집자는 독자의 욕구를 만족시키기도 해야 하지만 또 그 욕구를 이끌어 내야 하는 사명도 있기 때문이다. 그렇다면 냉정하게 물어보자. 누가 편집자에게 그런 사명을 던져 주었나? 바로 이 점에서 편집자의 역할에 대한 새로운 시각이 필요하다. 편집자는 비단 책만 만드는 것이 아니다. 책을 통해 당대 사회의 트렌드도 만들어 간다. 무엇보다도 고답적으로 책의 세계만을 편집한다고 믿는 것은 지각 있는 편집자로서 취할 태도가 아니다.

편집자는 모든 면에서 영리해야 한다. 전면에 나서지는 않지만 온갖 것을 중재한다는 의미에서 편집자는 '저 높은 자리'에 앉을 만하다. 출판의 세계란, 개성이 강한 저자들과 어떤 결핍에서 비롯된 예술

:: 저자와 독자의 만남을 주선하는 것도 편집자의 임무. 인터넷 서점과 함께하는 작가의 낭독 시간. 작가 박완서(오른쪽)와 정이현의 아름다운 낭독이 독자들에게 스며든다.

적 광기와 삶의 개성을 못 드러내어 괴로운 사람들이 만들어 가는 만화경이다. 그만큼 '노출증이 많은 사람들'과 이를 새롭고 세련된 방식으로, 이른바 '튀게' 드러내는 사람들이 점령한 세계인 것이다. 그런데 이들의 노출증은 편집자 입장에서는 얼마나 사랑스러운가. 그들이 이 세계에 역동성을 부여하고, 이 세계를 새롭게 만들어 가는 것이다. 그들이 없다면 이 세계도 없다.

물론 출판이 자선 사업이 아닌 한, 속되게 표현해 팔아야 먹고살 수 있는 분야인 한, 팔리도록 최선을 다해 노력해야 할 필요(또는 의무)가 있다. 이는, 책이 지니는 어떤 의미에서는 본래적인 이중성, 그러니까 작품으로서의 책과 상품으로서의 책, 고유의 아우라를 지닌 유일무이의 의미로서의 책과 대량 생산된 오락 소비품으로서의 책이라는 이중성에서 비롯되는 해결난망

:: 편집자가 읽고 보고 먹고 마시는 모든 것이 책에 투여된다. 책과 그림들이 함께 있는 마음산책의 사무실 풍경.

의 문제라 하겠다. (……) 독서의 형이상학보다는 책의 제작론, 출판의 경제학, 독서의 효용론이 득세하는 것이 요즘 추세라고 한다면, 외로운 늑대들은 어쩔 수 없이 천연기념물 신세로만 겨우 명맥을 유지할 수 있을 것이다.

– 표정훈, 『책은 나름의 운명을 지닌다』, 106쪽(궁리, 2003)

이런 외로운 늑대들을 위한 출판을 하는 사람들이 있다. 이들이 책의 세계를 풍요롭게 하고, 책의 세계를 비의적인 세계로 만든다. 그러나 책 속에만 삶이 있는 것은 아닐 것이다. 너무 외골수로 나가서야 되겠는가? 책을 의식하면서도 책에 함몰되지 않는 편집자의 삶. 나는 그것을 말하고 싶다. 이처럼 역설적으로 편집자의 세계는 넓고도 깊다. 따라서 큰 그릇으로 이 세계를 완성해 나가겠다는 의지와 노력이, 곧 편집자를 낳는다고 할 수 있겠다.

편집자 : 자신을 직업의 질료로 삼는 사람

영화나 드라마를 보면 가끔 출판사 이야기가 나올 때가 있다. 예나 지금이나 그 속의 출판인의 모습은 현실과 달리 퍽 일그러져 있다. 그런 모습을 볼 때마다 내 마음은 불편해진다. 출판계에 대한 이해가 부족하다고 치부하고 말기에는 여러 가지 문제점을 적나라하게 보여 주고 있는 탓이다. 몇 해 전에는 영화 〈M〉에서 출판계를 희화한 장면을 보았는데, 터지는 실소를 금할 수가 없었다.

물론 드라마나 영화의 내용이 현실이라고 믿는 사람은 많지 않을 것이다. 그러나 오히려 배면에 드리워져 있기 때문에(통상적인 이야기에서 사실인 양 늘 전제된다는 점에서) 더더욱 출판인의 이야기를 사실로 오해할 수도 있는 것이다. 오래된 나무 책상과 허름한 소파, 눅눅한 벽으로 둘러싸인 사무실이 도심에 전무하다시피 한데도 화면 속 출판사 풍경은 하나같이 그 타령을 하고 있다. 출판사 사장은 걸핏하면 편집자를 무시하는 무지한 사람이고, 편집자는 언제나 당하고만 사는 수동적인 인물로 그리는 그런 서사물의 창작은 이제 그만둘 때가 되지 않았나 싶다.

출판계의 왜곡된 모습들이 자꾸만 확대되어 그려지면서 편집자가 되려는 사람들에게도 나쁜 영향을 미친다. 어떤 편집자 지망생은 내게 "끼니마다 자장면을 먹고, 이틀에 한 번쯤은 야근을 하지 않느냐."고 조심스럽게 묻기도 했다. 그때 나는 이렇게 말했다.

"편집자는 매일 자장면을 먹지는 않지만, 문화와 예술을 향유하러 간 미술전시장이나 영화관에서 김밥 한 줄로 끼니를 때울 수는 있다. 배고프면 무엇인들 안 먹겠는가? 이틀에 한 번쯤 야근을 하지는 않지만, 퇴근 후 밤늦도록 필자를 만나 술잔을 기울이거나 찻잔에 코를 빠뜨릴 수는 있다. 어디에서든 안 그러겠는가? 편집자가 먹고 마시고 보고 듣는 것은 그 사람이 지금 진행하는 책에 온전히, 모두, 다 투여된다. 시차는 좀 있겠지만 말이다. 자신의 삶을 녹여 내서 직업적으로 전환시키는 것, 그런 삶을 사는 사람이 편집자다. 성공한 직장인들의 삶이 흔히 그렇듯이."

2장

새세기 출판권침자의 고군분투 읽기

초짜 편집자, 삽질을 시작하다

| 김지혜 |

한울림출판사의 막내. 편집 2년차. 별명은 소년지혜. 성 정체성이 불분명한 외모와 행동으로 종종 길에서 남자 고등학생으로 오해받곤 한다. 언제 어디서든 꼴깍꼴깍 술 잘 마시는 편집자가 되는 것과 우주에서 가장 섹시한 밴드를 만드는 것이 목표다.

출판사에 들어와서 처음으로 한 편집 일은 장애 관련 도서의 개정판 작업이었다. 세 권의 개정판 작업을 마친 뒤 나는 난생처음 교정·교열이 되지 않은 날[生]원고를 받았다. 일본에서 장애아 세 명을 키운 어머니가 쓴 에세이였다. 편집주간님과 원고를 교환하며 교정·교열을 보는 방식. 나는 부담감을 안은 채 부들부들 떨리는 손으로 연필을 쥐고 교정지를 읽어 나갔다.

그렇게 떨리는 손과 마음으로 만든 책이 처음 나온 날. 빛나는 새 책을 손에 든 주간님이 조용히 나를 불렀다.

"지혜."

"네?"

"나는 그날로 장애아의 어머니가 되었다?"

"……?"

"자기가 자기를 '어머니'라고 하나?"

"……아하!"

"뭐가 '아하'야."

"아하하……."

에세이 첫 꼭지의 맨 마지막 문장이었다. 뒤에서 두 번째나 세 번째 문장이었다면 덜 민망했을까? 나는 교정지들을 다시 살펴보면서 원래 멀쩡하게 '엄마'로 번역이 됐던 것을 내가 '어머니'로 고쳤다는 사실을 알게 됐다. "나는 그날로"에서는 주인공이었던 화자가 "장애아의 어머니가 되었다." 부분에 와서는 삼인칭 관찰자로 변해 있었다. 한 문장 안에서도 긴장을 놓치는 초짜 편집자. 그렇게 나의 삽질이 시작되었다.

올해 초에 출간된 한 어린이책에는 이런 구절이 있다.

"이건 잭 더 리퍼의 이빨이야. 여기 적혀 있지? 1988년이라고 말이야. 그러니까 백 년도 더 된 이빨이라고!"

평범한 그림책이 2088년을 배경으로 하는 공상과학 그림책으로 바뀌는 순간이었다. 원서에도 번역 원고에도 '1888년'으로 되어 있던 연도 표기가 왜 '1988년'으로 바뀌었는지는 귀신도 모를 일이지만, 어쨌든 중요한 것은 발견하지 못했다는 사실. 그리고 그보다 더 중요한 것은 틀린 내용이 이미 종이 위에 인쇄되어 책으로 나왔다는 사실이다.

어디 이것뿐이겠는가? 표지에 외국 저자의 중간 이름을 빼먹기도 하고, 판권(책의 인쇄·발행 날짜, 저자·발행자의 성명 등을 적은 면)에는 제목의 끝 부분을 생략하기도 하고, 등장인물의 이름을 바꿔 놓기도 하고……. 말하면 끝이 없어 밤을 새도 모자랄 지경이다. 가뜩이나 자폐기(?)가 다분한 내가 슬슬 자학 증세를 보이자, 사장님이 위로의 말을

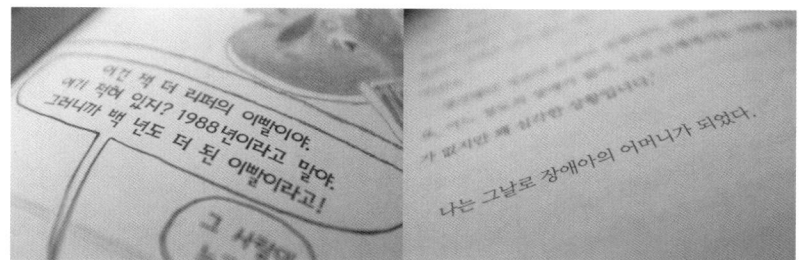

:: 1888년이 '1988년'으로, 엄마가 '어머니'로 둔갑하여 속을 태웠던 『못 말리는 꼬마과학수사대』(왼쪽)와 『장애도 못 말리는 명랑엄마의 행복선언』의 지면.

건넸다.

"나는 너보다 더했어. 처음 만들었던 책이 너무 창피해서 한동안 그 책이 절판되기만 기다렸다니까."

처음부터 잘하는 사람은 없겠지만 기왕이면 잘해 내고 싶은 게 초짜의 마음일 것이다. 완벽한 책을 만들 순 없지만 완벽해지려고 노력하는 것. 편집 일은 거의 병적인 편집증을 필요로 한다. 그래서 오늘도 나는 가뜩이나 험악한 인상을 잔뜩 구긴 채 아픈 눈에 인공눈물을 넣어가며 교정지를 본다.

술 잘 마시는 편집자

"술 잘 마시는 편집자가 되고 싶어요."

입사 후 몇 달 되지 않아 출판사 직원 몇 명이 모인 술자리에서, 나는 대담하게도 이렇게 말했다. 술을 잘 마신다고 유능한 편집자가 된다는 보장이 없다는 것 정도는 알고 있다. 기껏해야 만성 위염이나 얻겠지. 그럼에도 나는 언제 어디서나 꼴깍꼴깍 술을 잘 마시는 편집자가 되고 싶다. "교정·교열을 끝내주게 잘하는 편집자가 되고 싶어요."라든지 "외서를 국내서처럼 술술 읽는 편집자가 되고 싶어요."라는 얘기는 너무 평범하잖아?

목표를 정했으면 실천을 해야 하는 법. 나는 술자리를 찾아다니기 시작했고 그러던 어느 날, 또 한 번 대담하게 이런 말을 내뱉었다.

"사장님, 저랑 술 한잔해요."

누가 봤으면 내가 회사에 불만이 있는 줄 알았을지도 모른다. 그 뒤로도 편집부 과장님이나 디자인팀 대리님에게 같은 얘기를 했다가 "너랑 단둘이 술이라니 무섭다."라는 대답만 들었지만, 어쨌든 한동안 그렇게 "술 한잔"을 외치고 다녔다. 나의 '한잔'은 결국 '그 사람을 알고 싶은 욕구'와 맞물려 있는지도 모른다.

다시 앞으로 돌아가서, 사장님과의 술자리는 예상보다 훨씬 유쾌한 시간이었다. 사장이 아닌 한 사람의 편집자로서 들려주는 이야기, 후배 편집자에 대한 애정과 기대가 담긴 이야기를 들으며 나는 가슴이 뻐근해졌다. 그리고 '술 잘 마시는 편집자'를 목표로 삼길 잘했다고 생각했다. 입사 1년이 지난 지금도 나는 여전히 주간님과 부장님에게 "한잔!"을 외치고 다닌다. '마시다 보면 늘지 않겠어?'라는 대책 없는 믿음을 바탕으로 말이다.

파란만장했던 일본 출장

작년 봄, 입사한 지 넉 달 만에 일본 출장을 가게 됐다. 출장을 여행의 친척쯤으로 생각했던 나는 업무에 대한 걱정은 저 멀리 안드로메다

:: 일본 출장을 위해 준비한 도쿄 지하철 노선도와 일본어 책자. 출장을 통해 다양한 색깔의 일본 출판사들을 직접 방문해 둘러볼 수 있었다.

로 날려 버린 채 도쿄 뒷골목의 감칠맛 나는 음식과 달착지근한 사케, 입에서 살살 녹는 케이크 들을 줄줄이 떠올리며 황홀해하고 있었다. 그런데 그때 머릿속을 스치는 생각. '잠깐, 출장 준비는 어떻게 해야 하는 거지?'

방문할 출판사의 도서 목록을 요약정리하고 호텔과 비행기 표를 예약하는 일은 어렵지 않았다. 하지만 일본 출장 일정에는 장애 관련 도서를 내는 출판사 두 곳, 어린이책 출판사 세 곳과의 미팅 계획도 잡혀 있었다. 나의 임무는 그 미팅을 잡고 약속 시간까지 무사히 우리 회사의 어르신들을 그 출판사에 모셔다 드리는 것. 게다가 그곳에서 '통역' 까지 해야 했다.

하지만 심각한 문제가 두 가지 있었다. 첫 번째는 내가 천하태평한

길치라는 것, 두 번째는 나의 비즈니스 일본어가 유창하지 못하다는 것이었다. 길눈이 어두운 것은 어쩔 수 없다고 치고, 먹고 놀고 연애하는 데만 쓰던 일본어를 업무에 사용한다? 눈앞이 캄캄해진 나는 대학 때 설렁설렁 훑어보던 『경어 사용법』과 『비즈니스 일본어 문서 작성』 따위의 책을 뒤적이기 시작했다.

그렇게 급조된 '업그레이드 비즈니스 일본어'로 일본 출판사에 메일을 보내고 전화를 하고 미팅 약속을 잡았다. 그리고 나서 길 잃을 가능성을 줄이기 위해 내 딴에는 무척이나 치밀한 작전을 짰다. 찾아가야 할 출판사들의 약도를 출력하고, 주변 지역 지도를 검색하고, 인터넷으로 모든 열차 시각을 낱낱이 확인하고…… 결론부터 말하면 다섯 군데 출판사 미팅에 단 한 번도 지각하지 않았다. 하지만 그것은 나의 철저한 준비 덕분이 아니었다. 내내 '지도만 뚫어져라 내려다보던' 나보다 '고개 획획 돌리며 거리를 살피던' 사장님이 길을 더 잘 찾아냈기 때문이었다.

생각해 보면 아찔한 기억. 하지만 많은 것을 보고 배웠다. 장애 관련 서적을 내는 출판사 '부도샤(ぶどう社)'를 시작으로 까칠한 '쇼가쿠칸(小學館)'과 가족 같은 분위기의 '아리스칸(アリス館)', 유쾌한 '도신샤(童心社)', 자못 엄숙한 '주오호키슈판(中央法規出版)'까지. 다양한 색깔의 일본 출판사를 직접 방문해서 둘러볼 기회를 가졌으니까 말이다.

또 신주쿠의 서점 바닥에 앉아 쉴 새 없이 참고 도서들을 읽고, 터틀모리 에이전시의 소타 씨와 새벽까지 어울려 술 마시고 노래를 흥얼거리던 일도 잊을 수 없을 것 같다. 마지막으로 무엇보다 중요하고 절대로 잊지 말아야 할 깨달음도 얻었다. 출장은 '절대' 여행이 아니라는 사실이다.

클럽, 피어싱, 초록색 머리…… 난 날라리 편집자?

작년 여름 내내 나는 손목과 어깨에 파스를 붙이고 다녔다. 파주의 책 창고에서 홍보용 스티커 붙이는 작업을 하다 손목을 삐끗했다거나 반품 도서들을 나르다 어깨 근육이 뭉쳤다거나 하는, 그런 업무상 재해가 아니었다. 고백하자면, 클럽에서 너무 뛰어놀아서 생긴 근육통. 한마디로 순전히 놀다가 그렇게 된 거였다.

푹푹 찌는 오후, 파스 냄새를 풀풀 풍기며 사무실에 앉아 있으니, 아니나 다를까 사장님이 지나가면서 한마디 던진다.

"젊어서 좋겠다."

"하하하."

"그런데 이런 옷은 도대체 어디서 사는 거냐?"

나는 슬쩍 내 옷차림을 살펴본다. 꾸깃꾸깃 너덜너덜 우중충한 것이, 좋게 말하면 히피, 나쁘게 말하면 노숙자가 따로 없다. 화제를 돌린답시고 불쑥 사장님에게 물었다.

"사장님."

"왜?"

"저, 피어싱 해도 되나요?"

"어디다?"

"눈썹이나 입술에요."

사장님이 내 얼굴을 빤히 쳐다본다.

"감당할 수 있으면 해."

그러나 결국 어머니의 강력한 반대로 눈썹이나 입술에 구멍을 뚫지는 못했다. 대신 소심하게 귓바퀴 안쪽 연골에 구멍을 뚫고 출근했다.

잔뜩 기대에 부풀었던 사장님과 부장님의 얼굴이 실망스런 표정으로 바뀌었다.

"뭐야, 하나도 안 보이잖아."

"뚫으려면 크게 보이는 데다 뚫어야지."

"음……."

출판사에서 면접을 보던 때가 생각난다. 검은 정장에 수수한 단발. 그때만 해도 나는 제법 조신하고 참한 구직자의 면모를 자랑했다. 이력서의 사진은 더욱 가관이다. 긴 생머리에 단정한 미소. 당사자인 나도 그 사진을 볼 때마다 깜짝 놀란다. 내 사진을 본 영업부 대리님은 이렇게 절규했다.

"이건 사기야!"

그래, 어쩌면 나는 사기를 쳤는지도 모른다. 그러나 아무리 생각해도 자의 반 타의 반이었던 모범생 이미지 때문에 출판사에서 날 뽑은 것 같지는 않다. 그럼 무엇 때문에? 이 질문에 대한 답은 아직도 잘 모르겠다. 스무 살 때부터 출판계를 기웃거렸던 경험과 세상에 대한 끝없는 호기심이 도움이 되지 않았을까 하고 막연히 생각할 뿐이다.

어린이책과 자녀교육서를 만드는 출판사에 나 같은 날라리는 어울리지 않을지도 모른다. 그럼 어린이책 편집자는 어때야 하는 건데? 흰 블라우스에 베이지색 치마를 입고 햇살처럼 따뜻한 미소를 지으며 '아름다운 동심의 세계'에 대해서 이야기하는 모습일까? 아니, 꼭 그래야 하는 건 아닐 거다.

"자유로운 삶에서 자유로운 생각이 나오는 거지."

언젠가 편집부장님에게 이런 말을 들은 적이 있다. 편집자 각자의 개성을 최대한 존중하겠다는 것이었는데 묘하게 위로가 되었다. 그 말

:: 원고를 보며 교정하고 있는 나의 모습. 일에 익숙해지는 만큼 '삽질'도 조금씩 줄어들겠지.

때문일까? 나는 여름에는 슬리퍼에 반바지 차림으로 출근하고, 겨울에는 바지 위에 무릎 담요를 두르고 거리를 활보한다. 그러고는 사람들에게 묻는다.

"이번에 제 머리 초록색으로 염색하면 어떨 것 같아요?"

나는 좀 별난 편집자인지도 모른다. 적어도 지금 일하고 있는 출판사에서는 말이다. 그러나 이 보잘 것 없는 개성이 사라지는 날, 나도 출판계에서 사라지게 될 거라는 느낌이 든다. 앞으로도 오래오래 별나고 용감한 편집자로 살았으면 좋겠다. 삽질도 이어지겠지만 뭐, 그게 초짜의 숙명 아닐까?

처음 이 글을 쓸 때나 마무리하는 지금이나, 의미는 다르지만 나는 여전히 무념무상의 상태다. 하지만 좌충우돌 초짜 편집자의 글이 같은 바닥에 발을 들여놓은 다른 초짜 편집자들에게 작게나마 위로가 되었으면 좋겠다. '여기에도 나처럼 삽질하는 사람이 있네.' 뭐, 이런 식으로 말이다.

그리고 편집자를 꿈꾸는 예비 편집자들에게는 '출판사에는 이런 사람도 있구나.' 혹은 '내가 해도 이것보단 잘하겠다.' 하는 용기를 줄 수 있다면 더 바랄 게 없겠다.

저자와 더불어 텍스트를
완성한다

| 김진구 |

서강대에서 국문학과 철학을 전공하였고, 같은 학교 대학원 국문과에서 현대소설을 공부하여 석사 학위를
받았다. 2008년 한국출판인회의 부설 서울출판예비학교(sbic)에서 편집자 과정을 수료하고, 2008년 6월부
터 한길사에서 편집자로 일하고 있다.

출판사에서 편집자로 일한 지 갓 1년이 되었다. 편집자라고
해서 어릴 적에 장래 희망을 "위대한 편집자가 되고 싶습니다."라고 말
했을 리는 만무하다. 많은 사람들에게 출판편집이라는 일 자체가 너무
나 생소하기 때문이다. 나도 예전에는 '에디터'라고 하면 영화편집자
를 가장 먼저 떠올렸으니까.

그래서 누가 "당신은 언제부터 편집자가 되고 싶었습니까?"라고 물
으면, 솔직히 나는 할 말을 쉽게 찾지 못한다. 또 "왜 편집자가 되고 싶
었습니까?"라고 물으면 입사 면접 자리가 아닌 한 술술 답하기는 힘들
것 같다.(이런 질문으로 지원자의 진정성을 파악할 수 있을지 나는 언
제나 의문이 든다. 다른 좋은 질문도 얼마든지 있을 텐데 왜 군이 지원
자가 거짓말을 하고 싶게 만드는 질문을 할까?)

어쨌거나 나는 지금 편집자다. 내가 밥 먹고 살 수 있게 해 주는 일을 직업이라고 한다면, 나의 직업은 편집자다.

편집자는 지식을 편집한다

지난해 내가 파주의 한 출판사에 취직했다고 친구한테 문자 메시지를 보냈더니, 그 친구는 그저 막연하게 "멋지다."고 감탄했다. 편집자를 이렇게 멋진 직업이라고 사람들이 생각하는구나 싶어 나는 우쭐했다. 하지만 막상 내가 무슨 일을 하는지 설명하기는 쉽지 않았다. 친구는 "네가 하는 일은 단순히 교정 보는 것 아니냐?"고 말했다. 출판편집 일을 저자가 쓴 글의 오·탈자를 수정하는 정도로 생각했음이 틀림없다. 다른 사람들이 편집자에 대해 아는 바도 여기서 크게 벗어나지 않을 것이다. 사실 새내기 편집자인 나는 원고를 보며 어문 규정에 맞게 글을 고치는 데 많은 시간을 보낸다. 편집자로 일하는 이상 계속 반복될 이 일이 이른바 교정·교열이라는 것이다. 하지만 내가 하고 있는 출판편집 일을 교정·교열로 모두 설명할 수는 없다.

내가 하는 일을 '스스로' 알아보기 위해서 "출판편집자가 편집하는 대상이 무엇인가?"라는 근본적인 질문을 던져 본다. 쉽게 나올 수 있는 답은 '언어' 또는 '글'이 될 듯싶다. 지금까지 내가 들은 말 중에는 "편집자는 '지식'을 가공하고 편집한다."는 것이 가장 마음에 들었다.(물론 더 좋게 들리는 말이 없는 건 아니다. "편집자는 세상을 편집한다."는 말까지 들은 적이 있다. 하지만 나는 아직 그 정도의 의미까지는 알지 못한다.)

"지식을 편집한다." 간명하게 와 닿는 말이다. 여기서 '지식'은 인 포메이션(information)이나 놀리지(knowledge)만을 의미하지 않는다. 나는 편집 대상으로서의 지식은 저자와 독자가 교섭할 수 있는 '텍스트(text)'라고 이해한다. 그것은 언어 기호를 지칭하는 좁은 의미의 텍스트가 아니라 의미의 생산과 수용 과정을 뜻하는 넓은 의미의 텍스트이다. 편집자가 다루는 것은 교정되어야 하는 단어를 비롯한 언어라는 물리적 대상이 아니라, 소통을 갈망하는 언어 기호의 형식으로 이루어진 '의미'로서의 텍스트다. 간단한 이야기를 어렵게 한 느낌이 없지는 않지만, 간단한 사실을 간단하게만 말하라는 법은 없으니까.

텍스트의 밖은 없다

내가 다니는 출판사에서는 2009년 초에 '함석헌 저작집'을 마무리하느라 편집부 전체가 비상이었다. 한꺼번에 30권을 낸다는 게 얼마만큼 정신을 집중해야 하는 일인지 그때 알게 되었다. 함석헌 선생의 저작 가운데 대중에게 잘 알려진 『뜻으로 본 한국역사』(이하 『한국역사』)가 내게 맡겨졌는데, 당시 이 책을 편집하기 위해 내가 참조했던 판본만 해도 1950년에 출간된 『성서적 입장에서 본 한국역사』, 1980년대에 나온 함석헌 전집의 『한국역사』, 2003년에 새로 편집한 『한국역사』, 세 가지나 됐다.

이미 세 번이나 출간되었던 책이라 처음에는 '할 일이 뭐가 더 있을까. 오·탈자나 잡으면 되겠구나.' 하고 쉽게 생각했다. 물론 처음으로 발굴되어 출간할 원고들보다 손이 적게 가긴 했다. 전체적으로 문장을 새로 교열할 필요는 없었으니까. 하지만 완전한 원고라고 생각했던 『한국역사』의 편집에는 의외의 일이 기다리고 있었다.

> 새 시대를 낳으려는 세계의 산통 소리가 점점 높아진다. 불안의 공기가 세계를 뒤덮었다. 그러나 그것은 불길이 서기 전에 설엉키는 연기와 같이, 장차 오려는 위대한 시대의 예고에 지나지 않는다. 그러므로 용사들아, 옷을 팔아 칼을 사라. <u>세대는 보통이 아니다</u>.
>
> −함석헌, 『뜻으로 본 한국역사』, 469쪽(한길사, 2009)

몇 가지 사례 가운데 그나마 잘 기억하고 있는 위의 인용문에서, 나는 "세대(世代)"라는 말을 "시대(時代)"로, "보통이 아니다"를 "비상시(非常時)다"로 고쳤다. 문장의 맥락에서 '세대'보다 '시대'가 어울린다는 건 어렵지 않게 알 수 있다. '세대'는 지금은 제너레이션(generation)의 의미로 통용되며, 당대(當代)를 지칭하는 말로는 '시대'가 쓰인다. 사전을 찾아보니 '세대'의 세 번째 뜻으로 '세상(世上)'이 올라와 있긴 했다. 하지만 지금 "교양 있는"(표준어의 규범적 기준) 한국어 언중들은 '세대'란 말을 '세상'을 가리키는 말로 쓰지 않는다. 그래서 사전적 의미로는 틀린 말이 아니지만 나는 이를 '시대'로 바꾸었다. 시국(時局)의 위급함을 말하는 맥락이기 때문에, '시대'라는 말이 문맥에 더 어울려 보였다.

이럴 때 편집자는 이전에 출간되었던 책들을 찾아본다.(문학 비평에서 여러 이본(異本) 중 원본을 확정하는 이른바 '원전 확정' 작업과 아주 유사한 일이다.) 그런데 1980년대와 2003년에 출간되었던 책들에서는 모두 '세대'란 말을 쓰고 있었다. 당연하다. 내가 보고 있는 원고

:: 한꺼번에 30권을 출간한 함석헌 선생의 저작집(왼쪽). 아름다운 표지 사진은 사진작가 김중만 선생이 작업했다. 이 책을 작업하면서 저자도 편집자도 결국은 텍스트에 속하는 존재임을 깨달았다. 오른쪽은 2003년에 출간됐던 『뜻으로 본 한국역사』. ⓒ한길사

는 이 판본들에서 나왔을 테니까.

원전을 확정하는 상황이었다면, 내 편집 행위는 원전을 훼손한 것이다. 작가가 저지른 오류도 비평가들에게는 연구할 거리가 될 수 있기 때문이다. 하지만 나는 훼손의 위험을 무릅쓰고 굳이 이를 고쳤다. 잘못된 편집 행위일 수 있다는 위험이 엄연하지만, 편집자로서 교정을 보면서 이대로는 분명히 텍스트에 문제가 있다고 판단했고 지금도 이 생각은 변함이 없다.

예전에는 함석헌 선생의 원고를 고치는 게 쉬운 일이 아니었다는 말을 들은 적이 있다. 함석헌이라는 저자가 지닌 고유성을 함부로 건드릴 수 없다는 규제가 알게 모르게 작용했기 때문일 것이다.(그 때문에

:: 2009년 7월 7일에 열린 '제6회 함석헌 선생님 낭독의 밤' 행사 모습.

옛날 책에 오류가 많음을 무작정 탓할 수만은 없다.) 물론 나도 편집을 하면서 함석헌 선생의 고유한 문체를 살린다는 원칙을 세우지 않은 게 아니다. 하지만 이 원칙이 문장이나 사실 관계의 오류를 고치는 일과 부딪치지는 않았다. 더구나 이 책의 경우에는 저자에게 그런 내용을 직접 물어볼 수도 없었다.(함석헌 선생은 나에게 실재하는 존재라기보다는 차라리 허구적인 존재에 가까웠다.) 그러니 편집자로서의 나를 텍스트에 밀어 넣는 수밖에.

내가 한 행위는 단순히 오자를 수정한 게 아니다. 두 개의 판본을 존중하지 않고 맥락을 더 중요시해서 원전을 고친 것이다. 저자가 존재하지 않는 상황에서 편집자의 고유한 권리를 행사한 것이다.(함석헌기념사업회에 문의할 수도 있지만, 그쪽에서 하는 일도 나와 다르지 않다.) 함석헌 저작집의 출간은 편집자의 역할에 기댈 수밖에 없었다. 수십 년 뒤에 이 책의 개정판이 또 나올 때, 미래의 편집자가 내 수정이 타당하지 않다고 생각하면 다시 고치게 될 것이다. 그건 미래의 몫이다. 지금까지의 판본과는 또 다른 말로 바꿀 수도 있을 것이다. 그러면 함석헌 선생의 책은 다시 새롭게 만들어진다. 고정된 권위를 지닌 원전은 없다. "이게 함석헌 선생님이 하신 말씀이야!"라고 할 수 있는 원전 확정은 어쩌면 불가능할지도 모른다.

'저자의 말씀'을 책에 그대로 살리는 건 중요하지 않다. 더 적확하게 말하면 저자는 텍스트에 속하는 게 아닐까. 나에겐 오직 텍스트, 그리고 텍스트를 해석하는 편집자로서의 나만이 존재할 뿐이었다. 저자의 손을 떠난 텍스트는 오직 그것이 존재하고 있는 의미의 맥락 속에서만 가치를 지닌다. 편집자는 그 의미 속에 참여하는 사람이지, 저자가 한 말의 뒤를 쫓는 사람이 아니다. 저자의 뒤만 쫓게 되면 의미의 미로 속에서 길을 잃게 될 것이다. 결국 편집자도 텍스트에 속한다. 편집자가 저자의 고유성을 훼손하지 않으면서 원고를 교정할 수 있는 것도 텍스트의 의미 속에 온전하게 참여할 수 있는 한도 내에서라고 나는 생각한다.(그 한계를 넘어서면 저작을 훼손하는 짓일 뿐이지, 편집이라고 할 수 없다.) 텍스트의 의미 생산 과정에는 저자도 없고 편집자도 없다. 오로지 텍스트만 있을 뿐 "텍스트의 밖은 없다."

위대한 편집자는 없다

2008년 11월 7일 서울에서 세계 편집자 포럼이 열렸다. 동아시아 출판인들을 비롯해 미국과 유럽권의 편집자들이 모여 '위대한 편집자는 어떻게 만들어지는가?'라는 주제로 발표와 토론을 했다. 편집자로 갓 입문한 나는 운 좋게 이 행사에 참여할 수 있었다. 사실 '위대한'이라는 수식어가 주는 위압감은 새내기 편집자가 감당하기에는 너무 벅찼다. 게다가 이런 거창한 행사는 자칫하면 하나 마나 하고 듣기 좋은 이야기만 늘어놓고 끝날 수도 있었다. 누가 들어도 타당하고 너무 보편적인 이야기는 아무래도 흥미를 끌기 어렵다.

기조 강연자로 나선 이는 일본 헤이본샤(平凡社)에서 오랫동안 편집자로 일했던 류사와 타케시(龍澤武) 씨였다. 머리칼이 하얗게 센 초로의 신사는 나직하고 부드럽게 원고를 읽어 나갔다. 기조 강연은 포럼을 대표하는 상징성을 띠기 때문에, 대개 큰 틀에서 누가 들어도 수긍할 만한 좋은 이야기로 행사를 격려하기 마련이다. 나도 처음에는 그럴 거라고 예상했다. 하지만 초로의 편집자는 다음과 같이 말문을 열었다. "위대한 서책은 존재했고, 가끔 위대한 저자도 있었지만, 위대한 편집자는 없다고 생각합니다."

예상을 벗어나는, 부드럽지만 강한 힘이 느껴지는 그의 목소리에 귀를 곤두세우지 않을 수 없었다. 타케시 씨는 되도록 자신은 '위대한 편집자'라고 불리는 명편집자가 되지 않으려 애썼다고 말했다.(시간이 지나고 보니, 그가 구사한 수사가 얼마나 높은 수준의 것이었는지 생각할 수 있었다. 그가 자기 존재를 지워 나갈수록 그의 모습은 더욱 뚜렷하게 나타났다.) 그는 포럼의 주제를 배반하며, 편집자는 누구이며 무슨 일을 하는가에 대한 매우 근본적인 논의를 펼쳐 나갔다. 30년 넘게 편집자로 살아온 사람이, 여전히 편집의 근본에 대해 고민하고 있었던 것이다.

그가 편집 일에 대해 자각한 것은 『전체주의의 시대 경험』의 저자

후지타 쇼조(藤田省三) 때문이라고 한다. 20대 초보 편집자 시절에 후지타 쇼조의 집을 방문한 타케시 씨는, 헤이본샤에서 간행하는 잡지의 칼럼에 들어갈 그의 원고를 읽고 한숨을 내쉬었다. 학문의 절정기에 올라 있던 학계의 거물이 신출내기 편집자가 내뱉은 한숨 소리에 원고를 다시 쓰겠다고 자진했다. 편집자의 한숨이 저자로 하여금 글을 다시 쓰게 만든 것이다. 류사와 타케시 씨는 사실 자신의 한숨은 어떤 의미가 있는 '연기'가 아니라 단지 '무의식적'인 것이었다고 털어놓으며, 그때의 일이 자기에게도 충격적인 경험이었다고 고백했다.

그의 의도와는 상관없이 편집자의 한숨은 저자에게는 무서운 '비평'으로 다가왔으리라. 그는 이 경험을 통해서 편집자는 결국 텍스트를 온전하게 읽어야 하는 존재라는 간명한 진실을 깨우쳤다고 한다. 무의식적인 한숨조차 이토록 엄청난 효과를 발휘하는데 하물며 원고에 대한 편집자의 비평은 저자에게 얼마나 어마어마하게 와 닿겠는가. 그런데도 많은 편집자들이 자기가 출판계에서 이룩한 업적을 늘어놓으면서 뻔뻔스럽게 스스로 명편집자라고 떠벌린다며 타케시 씨는 안타까워했다.

편집자의 일이 텍스트 읽기에서 출발한다는 사실은 편집자의 위상과 역할을 새삼스레 일깨워 준다. 편집자는 '읽기'라는 근본적인 역할로 저자와 더불어 텍스트의 의미 생산에 참여하고, '출판'이라는 결과로 텍스트의 참여자들을 매개한다. 편집자가 출판의 결과물을 앞서 상정하고 전면에 나서려는 시도는 어떻게 보면 본말이 뒤바뀐 일인지도 모른다. 그래서 편집자 또는 출판 경영인이 출판이 아닌 다른 방식으로 내는 목소리를 나는 믿지 않는다. 이는 내가 견지하고 있는 편견이다.

3장

다양한 출판편집자의 세계

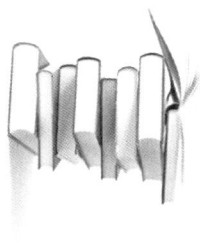

편집자를 둘러싼 근거 있는
오해들

| 김종진 |

건국대학교 법학과를 졸업하고 사법고시 준비 3년. 준비만 하고 결실은 얻지 못했다. 책 덮고 바로 남대문
시장으로 직행, 신발 장사 2년 반. 장사도 재밌지만 천직은 아니라고 느껴 그만두었다. 공무원 수험서 만드
는 출판사에서 3년 동안 일하다가 단행본 만드는 삼인출판사로 이직, 지금까지 만 3년째 편집부에서 일하고
있다.

"무슨 일 하세요?"

"출판사 편집부에서 일합니다."

"아하, 왠지 그럴 것 같았어요."

이런 말을 자주 듣는다. "헉, 왜요?" 하고 반문해 봤자 "아니, 그냥,
저…… 말씀하시는 거나 외모에서 풍기는 이미지가……." 하고 얼버
무릴 뿐 구체적인 대답이 돌아오는 건 아니다. 짐작건대 "외모는 어딘
지 촌스럽고, 말을 할 때 너무 분석적이고, 말꼬투리 붙들고 늘어지잖
아요. 한마디로 멋도 없고 좀 피곤한 성격 같네요." 하는 의미가 아닐
까. 내가 태어나면서부터 편집자였던 것도 아니고, 나름대로 다채롭고
살벌한 삶을 살아왔으며, 한때 "성질은 지랄 같아도 성격만큼은 좋다."
는 이상한 말을 들을 정도로 호방한 축에 속했는데, 어쩌다가 '편집자 같은' 사람이 되어 버린 걸까? 그 궁금증을 풀려면 "왜 내가 편집자 같아 보이냐?"라고 묻기보다 "대체 편집자란 어떤 사람이라고 생각하느냐?"라고 묻는 게 순서에 맞는지도 모른다.

그렇게 다른 사람 눈에 비친 편집자의 이미지가 궁금하던 차에, 문화평론가 정윤수 선생이 쓴 글을 한 꼭지 읽고서 어렴풋하게나마 그 윤곽을 잡으면서 한편으로는 경악했다.

> "내 경험으로 보건대, 유능한 편집자는 대체로 강력한 '사디스트'인 경우가 많다. 그들은 남의 정성껏 쓴 원고에 빨간 펜을 죽죽 그으며 가학의 쾌감을 맛본다. 오탈자를 잡아내는 정도는 그저 채찍이나 혁띠를 어루만지는 정도에 지나지 않는 것, 문장 전체의 주술 관계를 주물러대거나 아예 한 문단을 통째로 날리는 데서 오는 쾌감은 기묘하고도 짜릿한 흥분을 준다. 그 흥분의 어떤 요소에는, 어릴 적부터 유일무이한 글을 써보고 싶었으나 이제는 남의 글을 어루만져야 하는 데서 오는 회한도 조금은 섞여 있다. (중략) 필자들이 원고를 쓰고 나면, 본인은 다 썼다고 생각하겠지만, 이 사디스트들에게는 이제부터 황홀경의 밤이 시작되는 것이다. 그들은 각 장의 골격을 우선 살피고 덜 여문 곳을 조근조근 씹어대며 군살이 엉킨 곳은 날카롭게 도려낸다. 필자가 저도 모르게 자신만이 알고 있는 어법에 따라 함부로 써버린 굳은살도 여지없이 도려낸다. 초고는 어느덧 빨간 펜의 피가 흥건해진 사체가 된다."
> —오마이뉴스 블로그 '정윤수의 booking 365'(2009. 1. 8.)

정윤수 선생의 글에서 이 대목은 결국 유능한 편집자가 휘두른 채찍 덕에 좋은 책이 나온다는 주제를 뒷받침하는 장치다. 그런데 이 글을 읽고 나니 어쩌면 편집자에 대한 오해는 내가 짐작했던 것보다 한층 더 재밌고 오묘한 것일 수 있겠다는 생각이 들었다. 물론 "편집자는 ○○○이다."라는 말부터 '성급한 일반화의 오류'를 범하고 있다. 또 그에 대한 반론으로 내가 쓰는 이 글 또한 출판사 편집부에서 만 6년, 그중 단행본 출판사에서 일한 3년 동안 스스로 경험한 바를 원료로 삼은 것이라서 모든 편집자가 내가 생각한 것과 같을 순 없을 거다.

편집자는 사디스트다?

'사디스트.' 정성껏 쓴 자기 글을 편집자에게 난도질당한 경험이 있는 저자는 농담을 반쯤 섞어 편집자를 사디스트라고 생각할 수도 있겠다 싶다. 옆에 있던 선배에게 정윤수 선생의 글에 공감하느냐고 물었더니 "내가 어떤 글을 손봐서 좀 더 나아지면 성취감을 느끼지만 그건 남을 괴롭히면서 얻는 쾌감은 아닌 것 같은데?" 하며 웃었다. 편집 과정에서 그런 성취감이나 즐거움마저 없다면 편집자로 남아 있을 사람은 별로 없을 것이다.

편집자가 자주 "남이 정성껏 쓴 글에 빨간 줄을 죽죽 긋고", 때때로 "문장 전체의 주술 관계를 주물러대거나 아예 한 문단을 통째로 날리는" 건 맞는 말이다. 하지만 그러면서 편집자가 가학적 쾌감을 맛본다는 건 오해다. 오히려 편집자는 토씨 하나 바꿀 때조차 저자와 독자가 저마다 채찍을 들고 자신을 지켜보고 있는 듯한 피학적 기분에 사로잡힐 때가 많다. 역학 관계로 보자면 저자(또는 역자), 독자, 편집자 가운데 최종 권력을 쥔 사람은 독자다. 그런데 책이 나오기 전에 독자는 존재하지 않고, 책이 나오고 나서도 모든 독자의 의견을 모을 수는 없다.

저자도 편집자도 보이지 않는 독자의 생각과 마음을 상상하면서 작업할 수밖에 없는 것이다. 즉 저자의 글을 고치는 것은 눈에 보이지 않는 주인인 독자의 눈높이와 의중을 미리 헤아려 모시는 의미가 크다. 실체도 모를 독자의 시선에 맞추느라 저자와 때로는 마음까지 다쳐 가며 의견을 조율하는 일이 고단하기도 하다. 하지만 책을 빛내는 데 저자와 편집자는 목적을 같이하기 때문에 어떤 식으로든 소통해 가며 독자가 만족할 만한 책을 만들어야 한다.

그리고 편집자는 가학보다는 자학을 밥 먹듯이 하는 가련한 종족이다. 자신을 괴롭히는 방법도 다양하다. 먼저 원고를 손볼 때는 혹시 놓치고 간 부분은 없는지 자문하며 스스로 닦달하고 좌불안석한다. 명백한 비문이나 정치적으로 올바르지 못한 표현은 대체로 정형화된 대안으로 바꾸면 되나 그조차 의심에 의심을 거듭하고, 비문일지라도 혹시 그것이 저자 특유의 문체여서 독자가 그대로 받아들일 만한 것은 아닌지도 함께 고민한다. 더군다나 애당초 어느 쪽이 옳은지 정해진 답이 없는 경우도 많다. 어떻게 표현하든 문맥상 제대로 이해하고 넘어갈 수 있는 말인데도, 만에 하나 있을 법한 오해의 여지를 줄이고자 선배에게 의견을 구하고 저자(역자)하고도 머리를 맞댄다. 인류학 책 『니사』를 작업할 때 '공동아내'라고 번역되어 있는 'co-wives'라는 단어를, 문장 전후를 살펴 둘째 아내, 작은댁, 일부다처 등으로 고쳤다. 내 생각이 옳다는 근거는 있지만 확신은 없었다. 그래서 책이 나온 후에도 과연 그게 옳은 판단이었는지 자꾸만 자문해 보는 어리석은 짓을 한다.

책 만드는 과정에서 고민을 아무리 치열하게 해도 결과물인 책이 완벽하진 않다. 이때 편집자의 자학이 다시 시작된다. 무지함과 게으름을 한탄하면서 과연 내가 이 일을 하기에 적절한 인간인지 다시 진로를 고

:: 인류학 책인 『니사』. '공동아내'로 번역됐던 'co-wives'를 문맥에 따라 둘째 아내, 작은댁, 일부다처 등으로 작업했는데 책이 나온 후에도 과연 그게 옳은 판단이었는지 자꾸 자문했다. 이처럼 편집자는 '자학'을 밥 먹듯 하는 가련한 종족이다.

민한다. 'co-wives'를 뭐라고 할지 아무리 고민하면 뭘 하나. '작은댁'을 '작은덱'이라고 해 버리면 말짱 헛일이다. 죽고 싶어지는 것이다.

　편집 일은 잘해야 본전이다. 수백 문장, 수천 단어를 바로잡은 흔적은 당연히 눈에 띄지 않는다. 그러다 보니 편집자는 원고나 저자를 굽어보며 채찍을 휘두르는 게 아니라 오히려 자신을 가장 낮은 위치에 두고 빨간 펜 한 번 놀릴 때마다 수십 번씩 자신에게 채찍을 휘두르게 된다. 그러고 보면 차라리 사디스트로 오해받는 게 더 나을 듯하다.

편집자는 책을 많이 읽는다?

　출판사에 다닌다고 하면 "와, 책 많이 읽겠군요." 하는 말을 종종 듣는다. 그리고 "편집자는 하도 바빠서 정작 책 읽을 시간이 없다던데."

하는 말도 심심찮게 듣는다. 실은 둘 다 아니다.

나는 출판사에서 일하기 전 2년 정도 신발 장사를 했다. 신발 장사를 하면 신발을 많이 접한다. 그렇다고 신발을 자주 갈아 신지는 않는다. 오래 서 있어야 하는 신발 장사꾼은 그저 발 편한 신발 하나만 있으면 족하다. 출판편집자도 마찬가지다. 편집자는 다른 일을 하는 사람에 비해 책을 많이 접한다. 하지만 책을 많이 읽는 것도, 읽을 수 있는 것도 아니다. 여러 이유가 있다. 먼저 하루 종일 활자를 접하다 보면 활자에 신물이 난다. 눈과 머리, 때로는 마음까지 책과는 상관없는 것을 바라보며 쉴 필요가 있다.(사실 내용을 보면, 사람이든 사물이든 현상이든 책과 상관없는 건 없다. 책이라는 형태를 한 사물과 거리를 두고 쉴 필요가 있다는 뜻이다.)

그러나 출판편집자가 너무 바빠 책 읽을 시간이 없다는 것도 딱 맞는 말이 아니다. 그렇게 보면 하루 열네 시간 일하는 신발 장사꾼은 더욱 책 읽을 시간이 없어야 한다. 누구든 '책 읽을 시간'이 따로 있는 게 아니다. 세상에 책 읽을 시간이 있는 사람은 거의 없다. 책 읽는 일을 우선순위에 두느냐 마느냐의 차이일 뿐이다. 그러니 "편집자는 바빠서 책 읽을 시간이 없다."는 말은 "편집자는 책 보는 데 신물이 나서 정작 취미 삼아 책 읽을 마음이 들지 않는다."라거나 "편집자는 주변에 책이 아무리 많이 널려 있어도 그 책을 다 볼 만큼 여유롭진 않다." 정도로 의역하는 게 옳다.

그렇다고 편집자가 책을 많이 읽지 않아도 되는 건 아니다. 책을 많이 읽어야 자신에게 들어온 원고가 책으로 내놓을 만한 것인지 옥석을 가릴 능력이 생기고, 독자의 감수성에 맞게 텍스트를 가공할 수도 있다. 하지만 책을 많이 읽는 것보다 중요한 건 어떤 책을 어떻게 읽느냐인 듯하다.

　작년 한 해 내가 읽은 책 목록을 정리해 보니 과하다 싶게 많다.(책을 너무 많이 읽는 것도 탐욕이다. 식탐만큼 추하진 않아도 탐서도 그다지 고상한 취향은 아니라고 생각한다.) 그런데 "편집자로서 책을 많이 읽는가?" 하고 자신에게 물었을 때는 "부족하다."고 답하게 된다. 책을 많이는 읽어도 '편집자로서' 읽는 건 그중 절반도 채 안 되기 때문이다. 이 자문에 시원스레 "그렇다."라고 답하려면 내가 작업하고 있는 책, 또는 기획을 염두에 두고 읽는 책이 훨씬 더 많아야 한다. 누군가에게 읽히려는 의도로 책을 만들면서 그 책이 전달하는 중심 주제에 무지하다면 독자와 자신을 속이는 거다. 단 그저 유희로 읽는 책과 편집 일에 꼭 필요해서 읽는 책 목록은 가를 수 있지만, 어떤 목적으로 책을 펼치든 읽기 시작한 순간부터는 '나는 편집자다.'라는 자의식에 얽매이지 말아야 한다고 본다. 책을 즐겨 읽는 독자의 마음을 잃고서는 좋은 편집자가 될 수 없으니 말이다.

편집자는 유식하다?

　"편집자라고요? 어쩐지 유식해 보이더라.""와, 그런 것도 다 알아요? 아 참, 출판사에서 일하신다고 했죠?" 이런 말 종종 듣는다. 심지어는 "편집자라면서 그런 것도 몰라요?" 하는 핀잔도 더러 듣는다.

　사실을 말하자면 나는 무식하다. 무식한 사람이 이런 말을 하면 변명처럼 들릴 수도 있겠지만, 내 생각에 '유식하다' '무식하다'라는 말은 애당초 다른 수식어 없이는 쓸 수 없는 말 같다. 세상에 어떤 생명체

:: 농인을 다룬 에세이 『手話でいこう』(직역하면 '수화로 가요')의 번역 원고를 읽으면서 우리가 농인에 대해 얼마나 무심한가를 깨달았다. 결국 원고를 끝까지 읽기도 전에 수화를 배우러 다니기 시작했다. 편집자는 무식할 순 있어도 세상일에 무심해선 안 된다고 생각한다.

도 완전히 무식하거나 완전히 유식할 수 없다. 저마다 자신이 직접 겪거나 공부한 분야를 조금 더 잘 알 뿐이다. 그런데도 유독 편집자가 농사꾼보다, 미장이보다, 갖바치보다, 땅꾼보다 유식해 보이는 까닭은 무엇일까? 지식이 책에서 나온다는 편견 때문에, 책 만지는 일을 하는 편집자는 세상의 온갖 지식을 알 거라고 생각하는 건지도 모른다.

　어떻든 나는 분야를 막론하고 아는 게 별로 없다. 무식한 게 자랑은 아니지만 그렇다고 주눅 들거나 감출 일도 아닌 것 같다. 원고를 보다가 모르는 단어가 나오거나 사실 관계를 파악할 수 없으면 저자나 역자 또는 알 만한 사람에게 물어보면 된다. 편집자는 다만 조금 더 먼저 원고를 접한 사람으로서 이해되지 않는 문장을 보았을 때 독자를 대신해 저자에게 물어서 주석을 달거나 좀 더 알기 쉽게 고치는 중간자 역할만 잘하면 된다. 편집자에게 필요한 덕목은 많이 아는 것이 아니라 질문하는 힘이 아닐까? 그 힘이 때로는 '무식함'에서 나올 수도 있다. 다만 너무 무식해서 아예 의구심조차 가지지 못하면 안 되기 때문에 자신이 편집하는 책의 분야에 관심을 가지고 이해하려는 노력을 할 필요가 있다. 가장 손쉬운 방법은 앞서 말했듯 책을 읽는 것이다.

중요한 점은 편집자가 무식할 수는 있지만 무심해서는 안 된다는 것이다. 자신이 편집하는 책과 연결되는 이야기와 세상일에 관심을 두어야 한다는 의미이다. 특히 인문·사회과학 분야에는 사실 관계나 이론을 바탕으로 지식을 전달하는 책뿐만 아니라, 지식을 수단 삼아 자신의 주장을 펼치는 책도 많다. 그럴 때 책은 저자의 생각과 가치관을 담는 그릇이 된다. 생각은 행동에 영향을 미친다. 아울러 행동도 생각에 영향을 미친다. 이때 편집자는 저자가 전달하려는 메시지를 가장 먼저 실천하는 사람이 되어야 한다고 나는 생각한다.

작년에 검토해 출간하기로 결정한 『手話でいこう』(직역하면 '수화로 가요')의 번역 초고를 올해 초에 받았다. 원서로 볼 적에는 농인(청각 장애인)의 생활을 이해하는 데 도움이 될 만하고, 내용도 어렵지 않은 에세이여서 출간할 가치가 있다고 판단했다. 그런데 번역 원고를 찬찬히 들여다보니 나부터가 농인에 대해 너무 모르고 편견이 심했음을 느꼈다. 농인은 노력해서 구화(청각 장애인이 상대의 입술 모양으로 그 뜻을 알아듣고, 자신도 소리 내어 말하는 것)를 익힐 순 있어도 듣는 법을 배우지는 못한다. 하지만 청인(청각 장애를 갖지 않은 일반인)이 수화를 배우면 농인과 자유롭게 이야기할 수 있다. 그러니 농인이 청인과 함께 일하고 공부하지 못하는 건 전적으로 청인이 그네들과 더불어 살 준비를 하지 않아서이다. 농인이 소수이고 청인이 다수라고 해서 이를 정당화할 수 있

을까? "평생에 농인을 몇 번이나 마주친다고 수화를 배우냐?"라고 하기 전에, 들을 수 있다고 해서 수화를 배워 두지 않기 때문에 농인을 마주칠 기회가 없다는 점을 생각해야 한다. 결국 나는 그 원고를 끝까지 다 읽기도 전에 무작정 수화 교실에 등록해 배우러 다니기 시작했다. 수화와 농문화에 관해서는 무식하지도 무심하지도 말아야겠다는 생각을 했다. 수화를 배운다고 당장 편집에 도움이 되는 건 아니다. 다만 이 책을 읽고 독자가 움직여 주기 바라는 방향대로 내가 먼저 움직이는 것뿐이다.

"생활을 언어화하는 순간 속임수는 시작된다." 문윤근 작가의 소설 『천국의 셋방』에서 읽은 말이다. 아무리 자기 속내를 고스란히 드러내고 싶어도 일단 글로 쓰고 나면 더러 과장되기도 하고 더러 생략되기도 한다. 편집자는 저자가 생활을 언어로 옮기며 놓친 부분, 저도 모르는 새 속임수를 쓴 부분들을 잡을 줄 알아야 한다고 생각한다. 그러려면 언어에도 생활에도 무신경해져서는 안 된다. 그런 노력을 기울이는 것으로 내 무식함이 용서가 되리라고 본다.

편집자는 보조 요리사다

| 이진숙 |

해냄출판사 문학인문비소설주니어 편집장. 입사 383주째. 쌓여 가는 요리(책)들과 더불어 한 주 한 주 경력
을 늘려가는, 목표는 턱없이 높지만 소망은 언제나 소박할 뿐이라고 주장하는 보조 요리사(또는 편집자). 주
방장(저자)과 식당(회사) 사이에서 가끔은 비서나 설거지꾼으로도 일하지만, 결국은 요리(글)가 가장 따끈따
끈할 때 한 입 가득 먹어 볼 수 있는 행운을 누리고 있는 최초이자 최후의 손님(독자).

"필름(일반적으로 말하는 사진 필름과 달리 인쇄판을 만들기 위해 사용)
다 봤어? 언제 넘길 거야?"

　얼마 전 입사한 후배가 첫 책을 마무리하는 중이다. 첫 책이라고 해
도 5년차 경력 편집자인지라 '믿고' 맡겨야 하겠지만, 부하 직원이 하
는 오케이 교정(필름 출력 전 마지막으로 보는 교정)도 가슴이 떨리기는 마
찬가지다. 교정 상태를 최종적으로 확인하고, 판면을 첫 쪽부터 마지막
쪽까지 차례대로 검토하며, 각 장 도입부와 차례 등 부속물을 정리하는
본문 작업, 그리고 좌우로 펼쳐진 표지 교정지에서 균형이 어긋나 보이
는 부분이 없는지, 카피로 사용한 문장 중에 심하게 축약되어 어색한
부분은 없는지 살피는 작업은 매번 같지만, 이 순간이 지나면 편집자의
손을 떠나 제작에 들어가기에 긴장할 수밖에 없다.

편집을 주방 일로 비유한다면, 편집자는 능수능란한 요리사를 돕는 보조 요리사가 아닐까. 주방장(저자)이 요리할 수 있도록 재료(콘셉트)를 다듬어 가지런히 배치하고, 요리(집필)하는 동안 "후추!" 하면 후추를, "설탕!" 하면 설탕을 가져다주며(자료 제공 또는 집필 관리), 재료가 조리되는 사이에 조금씩 맛보고 다음 순서를 기다리는, 그러고 나서 마침내 요리가 완성되면(집필이 끝나면) 주방장이 사용한 도구(언어)들을 깨끗이 씻고 닦고 말리는(편집하고 교정하는) 일을 해야 하는 것이다.

제작은 편집한 대로 진행되는 것이기에 제작 사고의 원인은 결국 다시 편집자에게 돌아오기 마련이다. 32쪽을 판에 앉혀 뽑는 '통 필름'이 기계 속에서 뚝딱 만들어지긴 해도 접지 상태를 이해하지 못하면 필름 검판(필름 상태에서 이상 유무를 확인하는 일)에서 확인할 수 있는 것은 필름에 얹힌 문자들밖에 없다. 편집자는 접지 순서에 따라 하단의 쪽 번호를 확인하고, 첫 쪽부터 마지막 쪽까지 제대로 자리 잡았는지 봐야 한다.

출력소(필름을 뽑는 업체)나 인쇄소를 함께 하는 출판사는 매우 드물기에 대부분 제작은 외부의 협조를 받아야 하므로 최대한 '사회적 물의'를 일으키지 않도록 해야 한다. 회사로서는 구체적인 비용이 발생하는 시점이고, 사소한 실수라도 생기면 제작처는 예상치 못했던 시간을 소모하게 되기 때문이다. 이런저런 잡다한 생각을 하는 사이에 후배는 마감을 끝냈고, 작업 파일을 출력소에 넘기겠단다.

:: 편집자는 필자의 그림자가 되어 은근히 그를 돕는 '보조 요리사' 라는 생각은 이 사진에서 시작되었다.

필자는 더 맛있는 요리를 찾는 요리사

이렇게 제작으로 연결되는 한 권의 책을 만들기 위해서는 기획안은 수십 건, 실질적인 기획 진행은 열 건 이상 진행하고 있어야 한다. '탁월한' 편집자 한 명이 '일사천리로' 콘셉트를 잡고 필자의 '일필휘지로' '뚝딱' 책이 되어 나오는 경우는 사실…… 없다. 편집자의 경험과 독서력, 예상 독자의 욕구, 회사의 이해관계가 버무려진 콘셉트가 필자와의 끈끈한 유대감을 거쳐야만 한 권의 '자식 같은' 책이 비로소 탄생하는 것이다.

필자와 편집자의 돈독한 관계는 식사 자리에서 익는다. 따끈한 밥한 그릇과 담백한 찌개, 맛깔 나는 반찬들을 입 안에 담으면서 조곤조곤 아이템에 대해 이야기하다 보면, 뱃속이 채워지는 것과 동시에 인간

애가 우러나 '편집자 생활을 이래서 하는 게야.'라는 생각까지 든다. '가능하면 식사 때는 피해야지.' '용건만 이야기하면 됐지 뭐.' 하고 생각했던 시절에는 이런 즐거움은 상상도 못 했다.

3년차 때 만난 한 필자는 미팅 시간이 평균 20분 정도였는데 항상 점심때 보자고 해서 나를 괴롭혔다. 그는 말도 여간 빠른 게 아니어서 굼벵이 저리 가라 할 정도로 느린 나의 말은 매번 웅얼거림으로 끝날 때가 많았다. 어느 음식점에서 만나든 "후루룩(음식 씹는 소리), 다다다다(이야기하는 소리)", "후루룩, 다다다다"를 몇 번 하고 나면 미팅이 눈 깜짝할 사이에 끝나 버렸고, "그럼 다음에 보죠." 하고 그는 저만치 사라졌다. 촌놈 코 베어 가는 듯한 점심에 점점 익숙해질 무렵 책이 나왔고, 출간 후 저녁 식사 자리에서야 그가 하루 중 가장 중요한 시간을 편집자를 위해 썼음을 알게 되었다.

누구도 식욕은 속일 수 없다. 집필욕도 그러하다. 필자들은 맛있는 요리(책)를 골고루 소화시키면서 더 맛있는 것을 찾는 사람들이다. 그것을 만들어 내는 사람이 본인이기를, 그리고 그 요리를 세상 모든 사람들이 맛있어해 주기를 꿈꾸면서 말이다. 그러기에 식사 시간은 필자의 욕구가 어디에 있는가를 고스란히 맛보고, 그의 욕망이 얼마나 큰지 가늠하는 시간이기도 하다. 편집자가 꺼내 놓은 아이템에 흥미가 없으면 묵묵히 밥을 먹고("나중에 다시 이야기하죠."), 귀가 솔깃해서 관심이 생기면 숟가락 속도가 느려지며("그래서요? 쩌업, 쩝."), '아, 이거다!' 하면 편집자의 이야기를 듣느라 식사를 거의 하지 못한다.

그 다음부터는 온전히 필자의 몫이 된다. 편집자가 내놓은 뼈대에 필자가 살을 더하고 익혀서 그만의 요리를 만드는 동안, 편집자는 보조 요리사로 양념을 제공하며 허드렛일을 한다. 그때 필요한 게 또 밥이다.

아이템을 논의할 때, 필자가 원고를 구상할 때, 그리고 집필할 때 먹는 밥은 각기 그 질감이 다르다. 편집자의 프레젠테이션을 들을 때 필자는 가능성을 타진하며 제 것이 아닌 양 맛을 보지만, 맛있는 아이템이다 생각하면 온전히 제 것으로 만들기 시작한다. 요리의 주도권이 필자에게 넘어간 뒤 편집자는 구상 시기에는 필자의 상상력이 무한히 확장될 수 있도록, 집필 시기에는 구체화된 줄기에 따라 집약될 수 있도록 돕는다. 막상 집필하다 보면 필자의 관심이 곁가지로 뻗어 나갈 수 있기 때문에 편집자는 방향이 틀어지지 않도록 긴장의 끈을 놓지 않아야 한다. 아이템은 저녁 술자리처럼 왁자지껄하게 상상력이 팽창하는 공간에서 나오지만, 집필은 점심 식사처럼 온전히 밥에서 나온다고 봐도 무방하다.(점심때 반주를 하게 되더라도 말이다.)

서점에서 온갖 '음식' 맛보기

"서점 들렀다 들어갈게요."

필자와 무르익은 대화를 정리하고 돌아오면서 시내 대형 서점에 들러 이번 주 신간들을 훑어본다. 편집자는 자신이 담당하는 분야에서 꾸준히 판매되는 책이나 가장 잘 썼다고 평가받는 책, 그리고 최근 출간되어 주목받은 책 등을 알고 있어야 하기 때문이다. 그러려면 일주일에 적어도 한 번 이상은 서점에 드나들 수밖에 없다. 서점에 쌓여 있는 수십만 권의 책을 한 번에 볼 수 있는 것도 아니고, 매주 출간되는 수백여 권의 책을 모두 볼 수 있는 것도 아니기에 틈틈이 찾아가 눈에 띄는 책들을 '간 볼' 필요가 있다. 경력이 늘수록, 맡은 분야가 많을수록 빼놓

:: 구매욕이 식욕(독서욕)보다 더 앞설 때는 책상 아래 자꾸만 책이 쌓인다.

을 수 없는 일이다.

최근 실업률이 증가하고 출판사에서 편집자를 구하지 않는다고 아우성이긴 하지만, '준비된' 편집자에게는 언제나 기회가 있다. 입사지원서를 제출하면서 회사명을 잘못 기재하는 무신경이나 면접 기회가 왔는데도 그 회사의 출판물에 대해서 전혀 알아보지 않은 듯한 무성의는, 수십 곳에 지원하느라 이메일을 헷갈렸거나 너무 면접을 많이 봐서 책 이름을 미처 다 외우지 못했을지 모른다고 짐작하면 어느 정도 이해할 수 있는 일이다. 하지만 "요즘 무슨 책 읽어요?"라는 질문에 묵묵부답하는 지원자라면 자신이 진정 편집을 하고 싶은지 되새겨 봐야 한다. 편집자도 마찬가지다. 절대 "책 읽을 시간이 없다."라고 말해서는 안 된다. 하루에 한 권을 속독하든 한 주에 한 권을 곱씹어 읽든, 읽고 있는 상태여야 한다는 말이다. 요리사가 요리를 맛볼 시간이 없다면 어떻게 더 맛있는 요리를 만들 수 있겠는가.

새 필자를 섭외하러 만났는데 "많이는 못 읽지만, 많이 사 두는 편입니다. 언젠가 꼭 읽으려고요."라는 말을 들었다. 맛있는 걸 모아 두고 야금야금 먹겠다는 욕심을 들으니 '당장은 집필을 많이 못 하더라도 앞으로 기대할 만한 작가가 되겠구나.'라는 생각이 들었다. 편집자 역시 당장은 쓸모없어 보이는 책이라도 하나하나 읽어 두어야 무언가 쌓인다. 서점 안을 돌아다니며 읽어 보는 신간들에서 요즘 편집자들의 관심 사항을 파악하고, 무심코 지나치며 어깨를 부딪는 다수 '일반' 독자들의 시선에서 앞으로의 방향을 그려 볼 수 있을 것이다. 요리사의 기본은 두루두루 맛을 보는 것일 테니까 말이다.

맛있는 요리가 나오도록 '젓기'

좁은 의미의 편집이 교정·교열이라면, 넓은 의미의 편집은 전체 업무의 조율이다. 그러므로 편집 작업의 백미는 책 밖에 있다고 해도 지나치지 않다. 원고는 필자가, 디자인은 디자이너가, 제작은 제작처가, 판매는 마케터가 하고 있으니 편집자는 주방 안에서 요리가 진행되는 과정을 확인하여 다음 과정으로 넘기고 서빙이 제대로 되는지 마지막까지 확인해야 한다. 요리를 하는 주방장을 북돋우고, 홀에서 서빙이 잘 이루어지도록 요리를 점검하는 주방의 보조요리사는 매니저가 아닌 서포터다.

간혹 편집자를 리더(leader)로 착각하는 경우도 있다. 사실 아이템으로 필자를 이끌어 내기까지는 리더처럼 보일지 몰라도 막상 집필이 시작되면 입장이 순식간에 뒤바뀌기 때문에 그 위치는 절대적이지 않다. 실제로도 리더라고 생각하는 편집자들은 실수를 저지르기가 쉽다. 저자가 아닌데 저자인 양, 마케터가 아닌데 마케터인 양, 함께하는 사람을 불편하게 만든다. 이는 편집자로서 반드시 피해야 할 일이다.

편집자는 원고의 맛을 가장 처음 보고, 그 맛이 잘 도드라지도록 저자를 도우며, 맛을 잘 전달할 수 있게 마케터와 논의한다. 물론 일방적인 전달은 아니다. 주체적인 판단이 없다면, 모든 이를 한자리에 모아놓고 말을 하는 편이 더 낫기 때문이다. 편집자는 곳곳에서 벌어지는 담론들을 걸러서 회사와 저자, 저자와 원고, 원고와 마케터, 마케터와 독자를 연결하는 끈을 만든다.

내부 조율은 편집회의에서 두드러진다. 편집자는 완성 원고에서 콘셉트를 재확인하고, 디자이너와 1차로 논의한 책꼴을 회사 내 모든 이들과 공유하기 위해 서류를 작성한다. 회의가 진행되기 전에 대략적인 협의점을 담당자들과 미리 정해 놓고, 회의는 가능한 한 짧게, 반드시 결론이 도출되도록 진행한다. 논의가 길어지면 길어질수록 결론은 미궁에 빠지고 요리의 맛은 달았다 썼다 찜찌름해졌다가 급기야 탄내가 나기 시작한다. 그렇게 되면 회의를 함께한 사람들은 제때 본인의 업무로 돌아가지 못해 혀끝이 상한 채로 야근을 감수할 수밖에 없다.

얼마나 어떻게 맛있는지 알리기

각각의 음식을 모두가 맛보고 내놓는 것이 아니라는 점에서 출간 시점에서 보조 요리사의 업무는 더 중요하다. 기본적으로 책이 맛있으리라고 기대하지만 얼마나, 어떻게 맛있는지는 잘 모르기 때문이다. '표지에 써 있으니까 다 알겠지.' 하는 마음에서 많은 편집자들이 홍보를 본인의 업무가 아닌 듯 여기지만 흥미로운 카피나 술술 외워질 것 같은 명문장들도 읽지 않으면 그만이다. 광고비가 점점 높아지고, 독자들이 광고에 쉽사리 눈을 주지 않는 요즘 같은 때일수록 편집자에게 홍보는 더 중요한 업무가 되고 있다.

언론사 기자들을 대상으로 하는 보도자료나 대형 서점의 신간안내서, 그리고 인터넷 서점에 고스란히 노출되는 홍보자료 등은 가장 처음 원고의 맛을 본 편집자들의 입맛에 따라 좌우된다고 해도 과언이 아니다. 개인의 성향이나 경력에 따라 편차가 있다고 하더라도 판단의 중심이 되는 것은 역시 원고다. 시장 상황과 독자들의 입맛에 맞추느라 보도자료가 부풀려지고 방향을 비트는 경우, '도대체 배가 산으로 가는 건가.'라는 의구심이 생기고 업무에 대한 회의가 갈등으로 비화해 조바심이 날 수도 있다. 그럴 때 편집자는 결국 책의 진정성은 원고에 있음을 깨닫고 스스로 중심을 잡아 관계자 모두의 뜻을 조율해 홍보자료를 꾸려야 한다. 항상 어려운 일이긴 하지만.

편집자만큼 이직률이 높은 직업도 없을 것이라는 말을 종종 듣는다. 초보 요리사가 숙련된 주방장이 되려면 10년 넘는 수련 기간이 필요하지만, 편집자는 마치 2~3년이면 모든 것을 다 배운 듯 자만하는 경우를 간혹 본다. 한 회사를 9년째 다니면서 해마다 고비를 겪고 번번이 갈등해 왔던 터라 '편집자가 뭘까.' 하는 의문을 떨쳐 버릴 수 없었고, 이 글을 쓰겠다고 해 놓고도 '과연 이런 글을 내가 써도 될까.' 거듭 고민할 수밖에 없었다. 교정지를 앞에 두고 숙고하는 것만이 편집의 전부가 아니듯, 책 몇 권 냈다고 편집자입네 말할 수 있는 것은 아니라는 점. 이 글을 통해 오늘도 내일도 우리 편집자 모두가 "닦고 조이고 기름 치자."는 뜻이 전해진다면 더 바랄 게 없겠다.

원고의 '힘'을 살린다

| 이현정 |

도서출판 이레 편집장. 여고 시절 제2외국어로는 불어를 배워 놓고서, 고교 3년 내내 끼고 살던 헤르만 헤세 '때문'이라 항변하며, '불어 작문'이 포함된 본고사를 치르고 '독문과'에 입학했다. 첫 학기 내내 "어버버 버" 더듬거림과 학습 부진을 면치 못하다 난생처음 받아본 C와 D 학점의 행렬에 충격을 받고 어느 날 갑자 기 말문이 트여, 종국에는 동기 중에 유일하게 대학원에 진학했고, 이날 이때까지 전공을 살려 독일어와 독 문학에 기대어 생존해 가는 편집자로 지내고 있다.

'갈팡질팡하다가 내 이럴 줄 알았지.'

욘사마 이래 바람머리가 이토록 잘 어울리는 남성이 있나 싶게 근 사한 프로필 사진에 이끌려 집어 들었다가 덜컥 열심 독자가 되어 버 린, 소설가 이기호 님의 두 번째 소설집 제목이다. 몇 년 전 어느 이동 통신 업체의 티저 광고를 통해 유명해진 버나드 쇼의 묘비문 "우물쭈 물하다가 내 이럴 줄 알았지.(I knew if I stayed around long enough, something like this would happen.)"와는 다르다. 당연히, '갈팡질 팡'과 '우물쭈물'은 다르지 않은가. '우물쭈물'의 핵심이 '망설임'이 라면 '갈팡질팡'의 핵심은 '이리저리'다. 망설이며 맴만 도느라 시도 자체를 아끼는 '우물쭈물'과 달리, '갈팡질팡'은 비록 헤매기는 할지 언정 어디가 되었든 일단 "go!"는 외치고 보는 것이다. 참으로 아름다운 역동성조차 느껴지는 부사가 아닌가. 돌아보면 편집자가 되기까지의 과정이 딱 그랬다. 갈팡질팡. 좀 더 솔직히 말하자면, 세상에 '편집자'라는 직업이 있는 줄도 몰랐던 내가 어느새 8년차 편집자로 살고 있다는 게 이따금 신기하게 느껴진달까.

'생활인'으로 '문학' 하기

대학원 첫 학기이던 98년 4월 어느 날이었다. 대동제가 한창인 나른한 봄날, 볕도 잘 들지 않는 문과대 합동연구실 책상에 앉아 브레히트의 시 〈칠장이 히틀러의 노래(Das Lied vom Anstreicher Hitler)〉를 읽고 있었다. 대동제임을 알리는 힘찬 민중가요들이 캠퍼스 끄트머리 문과대까지 들려오고, 창밖으로 부는 봄바람에 4월의 벚꽃 잎들이 살랑날리던 순간. 'Anstreicher'와 'Hitler' 각운을 살린 시의 내용과는 전혀 상관없는 낯선 문장 하나가 머리를 스치고 지나갔다. "'생활인'으로 살고 싶다"는 것. 바깥은 저리도 환한데 침침한 연구실에 앉아 브레히트의 시를 읽고 있는 상황이 왠지 초현실적으로 느껴지기까지 했다. '문학'이 밥을 먹여 주지는 않겠지만, 내 젊음의 가장 많은 시간을 함께한 문학이라는 존재가 학문으로서의 해석과 비평을 넘어 조금 더 생활 깊숙한 곳으로 들어왔으면 하는 바람이랄까. 그러니까 그게 다 창밖으로 날리던 벚꽃 때문이었다. 석사 1학기에 벌써 '공부는 여기까지만'이라는 생각을 하게 된 것은.

하지만 결심은 쉬웠으나 그 결심을 현실로 구현하기란 생각처럼 쉽지 않았다. 석사 과정의 남은 학기들과 논문 학기를 지나면서 '문학'과

'생활인'이라는 두 명제를 하나로 끌어안을 수 있는 삶의 방법론은 뭐가 있을까. 탐색과 고민이 이어졌지만 현실의 선택지는 그리 많지 않았다. 남들 다 하는 언론사 시험도 준비해 보고, 코스워크를 마친 뒤에는 고등학교에서 1년간 독일어를 가르치기도 했다. 그러나 문학의 끈을 놓지 않고 생활인으로 살고 싶다던 바람을 충족시켜 줄 방법으로는 이도 저도 마땅치가 않았다. 1년 만에 교사 생활을 그만두고 대책 없는 무직자 생활이 3개월에 접어들 무렵, 우연히 연락이 닿은 지인의 한마디. "출판사라는 데도 있다." 4월의 벚꽃에서 시작된 '갈팡질팡'의 한 페이지가 일단락되는 순간이었다.

자신만의 왕국을 느끼게 해 주는 책

그렇게 '이레'와의 인연이 시작되었다. 2002년 입사 당시 이미 『월든』 『마음을 열어주는 101가지 이야기』 『풍경』 등의 책을 통해 '에세이'에 강한 출판사라는 이미지를 갖고 있던 이레는 얼핏 문학의 끈을 놓지 않고 싶다던 나의 바람에서 조금은 비껴 서 있는 선택처럼 보이기도 했다. 하지만 막상 일을 시작하고 보니, 그게 아니었다.

물론 어느 책이나 그렇지 않은 경우가 없겠지만, 소위 순수 문학의 범주에서는 벗어난 것으로 생각하는, 편의에 따라 비소설이라고도 부르고, 수기 또는 에세이라고도 부르는 일군의 책들이야말로 그 완성도를 가늠하는 결정적 요소가 바로 '원고의 힘'이었다. 그리고 그 원고의 '함량'을 가장 지엄하게 알아보고 판단하는 사람들은 물론 독자들이었다.

입사 후 처음으로 기획한 아이템 『지선아 사랑해』(2003년 5월)가 그랬고, 대한민국 고3의 시각으로 교육 현실을 풍자, 비판, 재정의한 학교 용어 사전 『대한민국 학교대사전』(2004년 3월), 지적장애 아이들의 일상을 사진과 글로 기록한 교단 일기 『조금 느려도 괜찮아』(2005년 5월), 자리를 옮겨 3년여 재직했던 '북스코프' 시절 기획한 『위대한 결정』 『천마디를 이긴 한마디』 『집으로 가는 길』 『나는 한국에서 어른이 되었다』 『웍슬로 다이어리』 『기타노 다케시의 생각노트』 등도 모두 마찬가지였다.

쉽게 읽을 수 있는 '말랑말랑한' 책이라고 해서 만드는 과정까지 쉬울 리는 없다. 원고를 생산하고 다듬는 과정에서는 순문학 못지않게 심도 있는 논리와 유기적인 구성이 관건이 된다. 그리고 그렇게 논리의 맥을 따라 텍스트의 집을 지은 책들에는 크든 적든 반드시 독자들의 공명이 따랐다.

세인의 부러움을 받던 미모의 명문 여대생이 한순간의 교통사고로 전신 화상을 입고 예전의 얼굴을 잃어버렸다. 사고 전후의 사진, 극적인 인생 역전의 사연 등이 물론 단기적으로 이야깃거리는 될 수 있었을 것이다. 하지만 남들 같았으면 몇 번이고 자살을 생각했을 상황에서 당당히 '희망'을 이야기하는 책 『지선아 사랑해』가 출간 5년이 지난 지금까지도 꾸준히 독자들의 선택을 받는 이유를 단지 '화제성'에서만 찾기는 힘들 것이다.

2002년 여름, 처음으로 이지선 씨의 홈페이지 '주바라기(www. ezsun.net)'를 알게 되었고, 반년 가까이 그녀의 팬 가운데 한 사람으로 지내다가, 문득 '책 생각'이 났다. 이레에 입사해 편집자 생활을 시작한 지 꼭 반년쯤 지났을 무렵이었다. 책 만드는 일을 하고 있다는 사실이 처음으로 반가워지는 순간이었다. 겨울 무렵 처음으로 기획안을

:: 이지선 씨와 함께 『지선아 사랑해』(2003) 『오늘도 행복합니다』(2005), 두 권의 책을 냈다. 이 책들은 일본과 대만에서도 번역 출간되어 독자들에게 큰 감동을 안겨 주었다.

가지고 이지선 씨에게 연락을 취했다. 당시 이지선 씨는 화상 치료를 위해 일본에 머물고 있었다. 이메일과 팩스, 전화를 통해 도쿄와 서울 사이에 연락이 오갔고, 마침 처음으로 마련된 '지사모', 즉 '지선이를 사랑하는 사람들의 모임'에 참석하기 위해 이지선 씨가 곧 서울로 돌아온다는 소식을 들을 수 있었다. 떨리는 마음으로 그녀를 만나러 갔다. 홈페이지에 차곡차곡 쌓여 있던 일기들에서도 익히 예감한 바이지만, 실제로 만나본 그녀의 '밝기'는 홈페이지에 드러난 것의 세 배 이상이었다. 기획안은 원점으로 돌아갔다. 이지선 씨를 취재해 무언가 세련되고 고상한 또 하나의 새로운 원고를 만들어 내려던 생각은 버리고, 날 것 그대로의 일기들을 가지고 텍스트의 패치워크를 구성하기로 했다. 있는 그대로의 육성을 중계하는 것만이 이지선 씨가 말하는 '희망'에 대한 가장 훌륭한 근거가 될 수 있다는 판단이었다. "~했습니다"로 끝

:: 지선 씨는 현재 미국 뉴욕에 있는 컬럼비아 대학(Columbia University)에서 사회 복지 석사 과정을 밟고 있다. 절망을 생각하기 쉬운 상황에서도 희망을 버리지 않고 꿈을 향해 끊임없이 나아가는 그녀의 모습이 아름답기만 하다.

나는 높임말 문체도 그대로 살리기로 했다. 홈페이지에서 네티즌들을 상대로 대화하듯 털어놓은 일기이다 보니 자연스레 앞에 누군가를 앉혀 놓고 조곤조곤 자기 이야기를 들려주는 문체가 되었고, 그것이 저자의 진솔한 모습을 잘 보여 주고 있었기 때문이다. 이를 위해 홈페이지에 올라 있는 160여 편의 일기를 모두 출력해 커다란 책상 위에 쭉 늘어놓고, 이리저리 흐름을 맞춰 가며 분류와 재구성 과정을 거듭하여 책의 뼈대가 되는 구성안을 만들어 나갔다. 이어서 시작된 교열과 윤문 과정에서는 홈페이지의 일기라는 특성상 다소 파편적인 메모의 성격이 강했던 글들에 유기적인 스토리라인을 세워 나가는 데 중점을 두었다. '메모'와 '일기' '기도' 등 홈페이지의 여러 하위 메뉴들에 흩어져 있던 글들을 소재와 메시지 중심으로 헤쳐 모으고, 이야기 흐름상 필요한 부분은 추가 집필도 의뢰했다. 또 한 가지 홈페이지와 달라진 것은 이지선 씨의 오빠 이정근 씨에게 주목한 점이다. 그는 사고 당시 차의 운전석에 있었는데, 불구덩이에 빠진 동생을 구하다가 자신도 양팔에 화상을 입어 수술을 받아야 했다. 이정근 씨는 홈페이지 '주바라기'에서 '경비대장'을 자처하며 동생 이지선의 그림자로, 때로는 든든한 보호자로 활동하고 있었다. 그런 오빠를 또 한 명의 주인공으로 삼기로 했다. 각 부가 끝날 때마다 오빠의 편지글을 삽입하고, 2부 전체를 오빠의 일기로 할애하자는 생각은 이런 배경에서 나왔다. 사고 이후 동생의 치료와 수술 과정을 지켜보며 꼼꼼히 써 내려간 이정근 씨의 일기는 홈페이지에 공개되지 않은 것으로, 편집을 진행하며 찾아낸 성과였다.

흔히들 '울면서 들어간다'는 독문과에 진학해 온갖 소설과 시와 산문을 접하며 '원고의 힘'을 온몸으로 체험하는 기회가 없었다면, 오늘의 편집자 이현정은 없었을 것이다. 공부하는 동안 '편집자가 되어야지.'라고 생각한 적은 단 한 번도 없었고, 학교라는 울타리 안에서 편집자에 대한 기능적 정의나 출판의 산업적 이해 같은 것을 배울 기회 역시 없었지만, 문학을 공부하며 몸으로 체득한 '텍스트를 대하는 태도', 모든 진술과 발화에 앞서 근거를 구축하는 사고 습관 등, 카프카와 브레히트를 읽고 괴테의 고전주의와 노발리스의 낭만주의를 배우는 사이, 어쩌면 기획자로서 편집자로서 가장 큰 경쟁력이라 할 수 있는 '사고의 훈련'이 나도 모르게 끊임없이 이루어져 왔구나 싶어서 그 시간들이 더 소중하고 감사하게 느껴진다.

"좋은 책이란, 읽는 사람으로 하여금 자기만의 왕국을 느끼게 해 주는 책이다." 『꿀벌 마야의 모험(Die Biene Maja und ihre Abenteuer)』으로 널리 알려진 독일의 전원시인 발데마르 본젤스(Waldemar Bonsels)가 남겼다고 하는 명언이다. "'편집이라 부를 수 있는 일'을 하는 사람이 편집자인 것이 아니라 '편집자라는 정체성'으로 살고 있는 사람이 하는 일이 편집이다." 미국 인기 드라마 〈CSI〉에 버금가는 큰 재미를 안겨 주는 고품격 격주간지 『기획회의』에서 발견한, 출판계 어느 선배님의 멋진 한 말씀이다.

'문학을 공부한다'는 것은 곧 '원고의 힘'을 알아가는 과정이고, 한 편의 힘 있는 원고가 이 세상에 미치는 영향을 추적하는 과정이기도 하다. 문학, 특히 그중에서도 외국 문학을 전공한 '문학소년' '문학소녀'들이 그 뜻을 펼치기에 출판사만큼 좋은 놀이터가 있을까, 편집자만큼 맞춤한 직업이 있을까. 선수가 선수를 알아본다고, 이미 한 권의 책 속에서 '자기만의 왕국'을 경험해 본 문학 전공자들이라면, 또 다른 누군가에게 자기만의 왕국을 느끼게 해 주는 일, 즉 '좋은 책'을 만드는 일에 젊음의 한때를 바쳐 볼 만하지 않을까.

'Ambivalenz' 지속 가능한 줄타기

'Ambivalenz'라고 쓰고 '암비발렌츠'라고 읽는다.(같은 개념에 해당하는 영어 단어로는 'ambivalence'가 있다.) 참 좋아하는 독일어 단어인데, 내게는 인생의 좌우명 같은 개념이다. 사전적 정의를 찾아보면 "두 개의 상반된 가치를 동시에 함유한 상태, 상반 감정의 병존"이라고 나온다. 아이디어를 품고 다듬어 원고로 완성해 내는 '콘텐츠 생산자'인 동시에 책이라는 물성을 지닌 '상품 생산자'이기도 한 편집자 역시 서로 상반된 두 가지 가치를 늘 지니고 견뎌야 한다는 점에서 'Ambivalenz'의 운명을 타고났다.

"우리 머리에 주먹질을 해 대지 않는 책은 읽을 필요가 없다."고 프란츠 카프카는 말했지만, 편집자에게는 그 주먹질의 강도와 완급을 조절할 줄 아는 슬기로움이 필수다. "대중이 결코 원하지도 않는 새로운 작품들을 대중의 코앞에 들이미는 것, 그것이 책 만드는 자들의 가장 중요하고도 가장 아름다운 사명."이라고 독일 피셔 출판사 창립자 자무엘 피셔는 단호하게 말했다지만, 가끔은 대중이 '꼭 원하는' 새로운 작품들도 대중의 코앞에 들이밀 줄 알아야 이 편집자라는 매력적인 직업의 생존도 지속 가능한 환경이 만들어지는 법이다. 아, 이런 아슬아슬한 줄타기라니! 그러나 그 아슬아슬함에도 불구하고 이 줄타기를 멈출 수 없는 까닭은, 글자라는 것을 인식하기 시작하면서부터 '읽어 온' 책들과, 숱한 사고와 시행착오와 실수들을 뒤로하고 '만들어 온' 책들에게서 배운 원고의 힘에 대한 믿음 때문이다.

더하기가 아닌 빼기의 편집

| 안영찬 |

효형출판 편집팀장. 국어국문학을 전공하고 안그라픽스에서 편집을 시작했다. 국어사전과 빨간 펜을 벗 삼아 어느덧 '종이 밥' 먹은 지 12년째에 접어들었다. 효형출판·나비장책에서 최근 펴낸 70여 권의 편집에 참여했다.

'인문의 예술화·예술의 교양화'를 지향하는 출판사에 들어와 3년째 되던 추운 날로 기억한다. 마감으로 한창 바쁘던 나는 원고에서 어떤 대목을 맞닥뜨리고는 무엇을 어떻게 바로잡나, 잠시 생각에 잠겼다.

스물여덟 꽃다운 나이에 분신자살을 해야 했던 동료 광부 성환 열사의 노제를 준비하면서, 척추가 썩어 한 사발씩이나 고름을 받아내야 했지만(후략).

위에 옮긴 글은 『조선일보』 2001년 2월 14일 38면에 실린 연재물의 일부다. 덧붙이면, 온 힘을 다해 일군 예인(藝人)의 인생과 예술을 담은 이 연재를 당시 한 권의 책으로 만드는 중이었다. 내용이 다소 무겁게 보이지만, 20년 넘게 강원도 태백에서 광부와 탄광촌의 모습을 화폭에 담아온 화가 황재형의 발자취를 전하는 감성적 수필이다.

지금 이 글을 읽는 독자라면 편집에 조금이나마 관심과 배경 지식이 있으리라. 위 인용문에서 편집하고픈 지점을 정했는가. 나는 약간의 확인을 거쳐 이렇게 고쳤다. "동료 광부 성환 열사"를 "동료 광부 성완희 열사"로.

문헌이 아닌 구술 인터뷰라서 놓쳤을 수도 있다. 하지만 이미 여러 편집 단계를 거쳤는데도, 단행본 『성완희』(시대의 불꽃 6, 민주화운동기념사업회, 2003)로도 발행된 사람의 이름을 무심히 넘겼다면 지우지 못할 흠을 남길 뻔했다.

물론 편집에 정답은 없다. 더 나은 책을 만들려는 여러 갈래 길, 그 많고 다양한 차원의 해법을 모두 꿰뚫어 완벽한 대응책을 내놓기란 어려울뿐더러 거의 할 수 없는 일 아닐까. 하지만 빠뜨려서는 안 될 기본은 있다. 바로 사실 관계의 확인이다.

이 일을 계기로 나는 무엇이든 통째로 의심해 보려 거듭 노력하게 되었다. 이는 저자와 원고에 대한 불신이 아니라 확신을 위한 검증이며, 독자에 앞서 돌다리도 두드려 보라고 편집하는 이에게 주어진 의무인 셈이다. 그러니 쉽지 않더라도 게을리하지 말아야 한다. 실제로 일할 때 번뜩이는 통찰력이 솟아나지는 않는다. 아무것도 모른다는 마음으로 하나하나 찾아보는 길뿐.

잡지를 만들던 시절, 경제학 교수에게 받은 글이 한 일간지의 기고문과 똑같다는 걸 마감 직전에 발견하고 놀라움과 충격에 빠진 적도 있었다. 그는 뒤에 장관을 지낸 인물인데도 그랬으니, 편집자는 주위에 이러한 위험이 도사리고 있음을 늘 경계해야 한다. 무엇보다 원고의 독

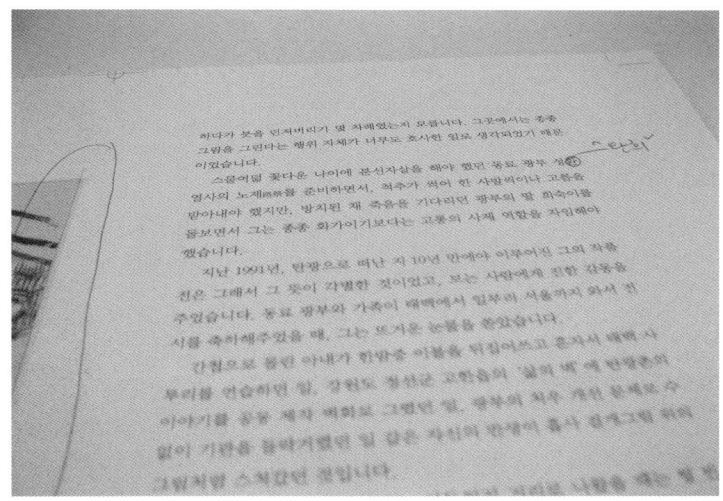

:: 컬러로 뽑은 오케이 교정지에서 가까스로 고(故) 성완희 열사의 이름을 바로잡았다. 사무실 구석에 3년 동안 잠자던 교정지는 글자 하나의 힘이 얼마나 대단한지 일깨워 준다.

창성, 표절 여부, 기존 원고와의 차별화 정도를 일찍 살펴야겠다.

예술 분야의 편집도 이와 다르지 않다. 아니, 오히려 일상생활에서 흔히 접할 수 없는 내용이 많기에 더욱 주의를 기울여 사실 관계와 새로움을 정확히 따져 보아야 마땅하다.

가위와 풀을 들어라

국립국어원의 『표준국어대사전』은 편집(編輯)을 이렇게 풀이한다. "일정한 방침 아래 여러 가지 재료를 모아 신문, 잡지, 책 따위를 만드는 일. 또는 영화 필름이나 녹음 테이프, 문서 따위를 하나의 작품으로 완성하는 일."

책의 가장 대표적인 재료는 글이다. 최근에는 점점 사진, 일러스트레이션, 지도, 다이어그램 같은 시각 자료의 비중이 커지고 있다. 특히 미술, 디자인, 건축처럼 시각 예술 분야의 책에서는 도판의 중요도가 더욱 높다. 따라서 예술 분야의 편집은 도판에 대한 이해와 능수능란하게 시각 자료를 다루는 재주를 요구한다. 당연히 디자이너와 함께 고민하고 상의할 테지만, '일차적으로 도판을 꿰뚫어 본다'의 주어 자리에는 편집자를 두자.

도판의 제목, 작가, 크기, 소재와 기법, 제작 연대, 소장처 같은 제원 정보뿐 아니라 저작권 관련 사항과, 그 내용이 무엇이며 글과는 어떤 관계인지 파악하는 데는 예상보다 꽤 오랜 시간과 노력이 든다. 이 과정에 충실하지 않으면, 책 한 권에 많게는 1,000컷 가까이도 들어가는 도판을 어찌 처리하겠는가. 얼마 전에 나온 서현 선생의 『건축을 묻다』에는 여러 유형의 도판 100여 컷이 실렸다. 마지막 교정 때까지 저자와 머리를 맞댄 채 도판을 추가하거나 삭제하고, 위치를 옮기고 설명을 고치는 등 완성도를 높이려는 노력을 계속했다.

시각 자료를 잘 다루기 위해서는 옛날 방식으로 훈련을 하는 방법도 좋다. 예전에 선배 어깨너머로 일을 배울 때 나는 파란 모눈종이에 출력된 원고를 잘라 붙였다. 활판(네모 기둥 모양의 금속 윗면에 문자를 새긴 활자로 짜서 만든 인쇄용 판)과 식자(활자로 원고대로 판을 짜는 일)에서 전자 출판으로 넘어가는 중간쯤일 당시 작업 풍경에는 지금도 쓸모 있는 두 가지가 있었다. 바로 가위와 풀이다. 요즘도 나는 동료나 후배에게 원고를 가위로 오리고 풀로 붙이길 권한다. 글의 구성을 바꿀 때도 꽤 괜찮고, 도판과 글의 연관이나 흐름을 한눈에 익히고 정리하는 데도 효과 만점이다. 물론 컴퓨터 화면에서 해도 나쁘지 않지만, 되도록 작게라도

:: 『한국 미술의 美』에 실린 〈신라 장식보검〉
과 〈토용 문관상〉. 실물을 감상하고 난 뒤 사
진의 크기와 색감을 실제와 비슷하게 맞췄다.

인쇄해서 오린 다음, 자리 정하는 연습을 되풀이해 보자. 풀은 붙임쪽
지[Post-it]로 대신해도 좋다.

시각 자료 구하기

크게 시각 자료는 둘로 나눌 수 있다. 이미 세상에 존재하는 것과
존재하지 않는 것. 자신이 필요한 자료가 어느 쪽에 해당하는지 먼저
판단한다. 존재하는 것은 찾고, 존재하지 않는 것은 만들어야 하니까.

존재하는 시각 자료를 찾는 첫걸음은 자료가 있을 만한 곳으로 가
는 것이다. 예술 분야의 자료 제공처는 도서관과 서점에서부터 박물관,
미술관, 에이전시, 각종 아카이브(archive)에까지 이른다. 편집의 풀이

에서 "재료를 모으는"에 해당하는 부분인데, 시행착오를 겪으며 조금씩 어디에 무엇이 있는지, 어떻게 찾아갈지 알게 된다.

이제는 인터넷 덕분에 한밤중에도 외국의 자료를 열람할 수 있는 세상이 되었다. 인터넷 서비스의 장점과 단점을 정확히 알고 활용한다면 더 들어갈 수도 있는 수고를 덜 수 있다. 다만, 편리함은 1차 자료와 원전을 완전히 대신할 수 없으며 인터넷으로는 그 존재조차 알아내지 못할 자료가 훨씬 많다. 아직은.

『한국 미술의 美(미)』 편집이 막바지에 이른 지난해 여름이었다. 일요일 오후 국립중앙박물관의 '황금의 제국 페르시아' 특별전에서 도판으로만 보아 온 〈신라 장식보검〉과 〈토용 문관상〉 실물을 감상했다. 그러고 나서야 같은 쪽에 들어간 두 도판의 크기를 맞추고, 교정지의 색감도 실물에 가깝게 조절했다. 그러면서 편집자는 될 수 있는 한 원작을 접하며 안목을 키우려 애써야 함을 절감했다. 음악은 연주회를, 문화 유적은 그 현장을 찾아가 느낀 아우라가 과연 이 작은 종이에 온전히 담겼는지 늘 돌아보고 물을 수 있도록.

시각 자료가 존재하지 않아 만들기로 했다면, 이는 좀 더 적극적인 편집이 된다. 새로 만들 자료는 우선 일러스트레이션인가 사진인가, 아니면 또 다른 유형인가 가닥을 잡는 데서 출발한다. 일러스트의 세계는 스케치부터 수채화, 만화까지 다양하기 그지없다. 또 사진은 연출을 해야 하는지, 야외·실내·스튜디오 중 어디에서 촬영할지 등을 정해야 한다. 이럴 때는 예전에 취재기자로 일하면서 사진가와 함께 진행했던 인터뷰 촬영의 경험이 큰 도움이 된다.

나는 이 밖에도 다양한 자료를 새롭게 만들어 활용해 왔다. 영화감독 인터뷰집 『거장의 노트를 훔치다』의 표지는 이러저러한 시도 뒤에

:: 『오늘의 행복 레시피』에는 젊은 여성 독자에게 내용을 잘 전달하려 일러스트레이션을 추가했다. 원서(오른쪽)와 견주어 보면 상당히 다른 느낌이다.

제목을 손글씨로 쓴 것이 뽑혔다. 『건축을 묻다』에서는 저자에게 직접 부탁한 3D 모델링 도판이 글의 내용을 한눈에 이해하게 도와준다. 독자 취향을 헤아려 원서에 없는 일러스트를 추가하고, 표지에서도 이를 활용한 번역서 『오늘의 행복 레시피』는 고스란히 창작의 열매다. 이 책은 예술서가 아님에도 그랬으니, 이제 이미지에 대한 이해는 어느 분야에도 필요한 편집자의 자질이라고 하겠다.

'디자인'은 빼는 것

디지털 카메라와 인터넷은 편집자의 책상에서 슬라이드와 확대경(Lupe)을 밀어냈다. 변화는 사진에서 멈추지 않고, 영상으로 저변을 넓히는 중이다. 새로운 생산 양식은 누구나 사진가가 될 수 있고, 관심사를 블로그로 출판할 수 있게 했다. 이런 시대에 도판 원고의 양은 엄청나게 붙어나 종종 글을 압도하기도 한다.

이럴수록 절제할 줄 아는 미덕이 빛난다. 한 장이라도 사진을 더 넣으려는 저자에게 군더더기가 아닌지 되묻는 역할은 편집자의 몫이다. 시각 자료도 글과 마찬가지로 독자와 더욱 잘 소통하는 데 필요한 문법과 유기적 구성을 지닐 때 맛이 깊어지게 마련이다. 반복되는 낱말과 중언부언하는 문단은 용감하게 지우면서도 시각 자료는 그렇게 못하는 편집자를 자주 봤다. 없는 편이 더 나을 사진을 끼워 넣고, 원색의 사진을 흑백으로 바꾸면 더 빼어날 텐데도 그냥 지나치는 식이다.

"그린 것을 지우는 것이다. 덧칠해 나가거나 첨가하는 것이 아니다."(서현, 『건축을 묻다』, 효형출판, 288쪽)라는 '디자인(de-sign)'의 뜻을 편집에 임하며 곱씹어 본다. 꼭 필요한 요소만 있는 상태가 완벽이라 했던가. 불친절과 절제, 지나침과 풍성함 사이에서 외줄 타듯 신중해야 균형을 깨뜨리지 않는다. 많음과 화려함에 매달리지 말고, 진품과 원작의 느낌을 충실히 전하는 데 집중하는 편이 바람직하지 않을까. 화려한 편집이 더 좋다는 욕심에 이끌린 결과는 얻음보다 잃음이 더 많음을 오늘도 되새긴다.

절제는 사실 관계의 확인에도 유효하다. 백과사전을 찾아볼 때도 두 가지 이상을 비교해서 판단을 내려야 안전하다. 가장 많은 이가 이용한다는 포털 사이트에 오른 부정확한 정보가 편집 과정에서 걸러지지 않는, 어처구니없는 상황을 익히 보아 왔다. 역사 인물의 생몰년, 외국 지명의 원어 표기, 영화의 원제와 제작 연도……. 무엇도 믿을 만하지 않다고 의심하시길. 쉽고 빠르고 편하게 갈 수 있는 길의 유혹은 뿌리치기 매우 힘겨운 법이다. 그렇지만 인터넷과 2차 자료에 기대어 얻는 간접 경험은 발품을 팔아 원전을 몸소 마주한 감동을 절대 이길 수 없다.

:: 건축·디자인·미술·사진·애니메이션·영화·음악을 주제로 한 책들. 책꽂이에 쌓인 책은 내용보다 물리적 형태가 앞선다고 말하는 듯하다. 예술 책도 분명 '책'이다.

보고 즐기다 보면 알게 된다

도서관에서 우연히 친구와 마주쳤다. 오랜만에 만난 그 친구는 어느새 저자가 되어 두 번째 책의 탈고를 눈앞에 두고 있었다. 편집한 원고에 등장하는, 30년도 더 된 인용문과 출처를 확인하러 들렀다는 내게 돌아온 그의 대꾸는 짧고 분명했다. "그건 저자가 할 일인데."

점점 저자를 통해 다른 편집자의 일 처리 방식과 배울 점을 듣게 된다. 그런데 참 신기하다. 비슷한 일을 하는데도 그 방식과 구체적인 범위가 다 다르기 때문이다. 편집에서 더 나아가 저자의 개성, 편집자·저자 사이의 역할 분담과 관계, 출판사의 비즈니스 모델은 저마다 특색이 있다. 유연하므로 작은 차이에도 알맞게 진화할 수 있는 동시에, 표준화하기 어렵고 계량·비교할 수 없어 출판 종사자와 예비 출판인을 애태우기도 한다. 하지만 다 다르기에 별로 눈치 볼 필요는 없다. "과녁을 겨냥해 가는 이는 스스로 길을 내느니라."고 하지 않았나.

편집의 보편성에 치우친 이야기 끄트머리에 한 가지 당부를 매단다. 예술 분야 편집자를 희망하는 사람은 관심을 폭넓게 가지시라. 편집에서는 넓이가 깊이를 앞선다. 시·소설 읽기는 말할 나위도 없거니와 무용 같은 공연 예술도 보고 무형 문화재도 눈여겨보라. 그런 시도가 오랫동안 쌓이면 조형·시간·언어 예술에 걸쳐 두루 견문이 트인다. 예술에 다가가면, 예술가를 만나고 그다음에 비평과 교육까지 이어지게 된다. 그렇게 느끼고 즐기다 보면 함께하는 이들이 바라는 바를 감지하게 되리라. 책은 그사이 자연스레 다가온다.

하나의 초점을 향해 달려가기

| 강혜진 |

길벗출판사 경제경영 편집장. 컴퓨터 잡지와 금융 잡지 취재기자를 거쳐 1997년 길벗출판사에 입사했다. 컴퓨터책 편집자로 일을 시작해 『공부 습관, 10살 전에 끝내라』와 '기적의 계산법' 시리즈를 기획했으며, 경제경영팀을 신설해 『주식 투자 무작정 따라하기』, 『경제 상식 사전』 등을 기획했다.

내가 책 만드는 일을 하게 될 줄은 몰랐다. 꿈꾸었던 음대 진학이 여의치 않자, 고민 끝에 전자공학과에 들어갔다. 전자음악 일을 할 수 있지 않을까 싶어서였다. 하지만 공업수학 첫 수업을 듣고 납땜 실습 몇 번 하고 나니 잘못된 선택임을 깨닫게 되었다. 그러고는? 말 그대로 4년 내내 신나게 놀았다.

그렇게 놀며 지낸 시간 속에 책 만드는 일을 하게 된 계기가 있었다. 당시 PC통신에서 동호회를 꾸려 활동했는데 내가 글을 올리자마자 실시간으로 올라오는 답글을 보면서 소통의 재미를 느꼈다. 지금 생각해 보니 그때 자연스레 글쓰기 훈련이 되었던 것 같다. 늦게 배운 도둑처럼 책 읽고 글 쓰는 재미에 빠질 무렵 졸업이 다가왔다. 무엇으로 밥벌이를 하나 고민하다 컴퓨터 잡지사에 지원했는데 다행히 그곳에서 받아 주었다. 일은 재미있었다. 그러나 잡지의 특성상 콘텐츠의 유효 기간이 짧다는 게 허전했다. 짧은 호흡보다 긴 호흡으로 일하는 게 나와 맞겠다 싶어서 출판사 쪽을 알아보았다.

대부분의 출판사는 국문학 전공자를 원했지만, 길벗출판사는 유일하게 컴퓨터 관련 전공자를 우대했다. 나도 평소 세련되고 독자에 대한 배려가 느껴지는 길벗의 컴퓨터책을 좋아했다. 또 컴퓨터책을 만들면 컴퓨터도 잘 다루게 될 것 같았다. 들어가고 싶었다. 간절한 마음이 닿았는지 나는 1997년 길벗출판사에 입사했고 지금까지 이곳에서 일하고 있다.

컴퓨터책에도 감동이 있다!

IMF 사태가 지난 뒤 IT 거품이 최고조에 달하면서 컴퓨터 출판사도 우후죽순 생겨나 경쟁이 치열해졌다. 출판사마다 대표 시리즈 개발에 목을 매었고, 내부 편집 구성과 디자인의 차별화에 집중했다. 컴퓨터책은 엑셀, 포토샵, 프로그래밍 언어 등 컴퓨터 실용 지식을 쉽게 전하는 게 핵심이다.

당시 길벗의 '무작정 따라하기' 시리즈와 영진의 '쉽게 배우기' 시리즈가 경쟁을 벌이고 있었다. 라이벌이 있다는 건 힘들지만 좋은 일이었다. 이 정도면 되겠지 하고 책을 내면, 상대편은 그보다 더 잘 만든 책을 내놓았다. 끝까지 마음을 놓을 수 없었기에 주말 야근 행진이 계속되었다.

편집자의 업무 범위는 출판사마다 다르다. 어느 출판사에서는 편집자가 교정·교열자를 의미하기도 하고 어느 출판사에서는 책 한 권의 탄생부터 소멸까지 모든 것을 책임지는 프로젝트 매니저를 의미하기도 한다. 길벗은 후자이다. 프로젝트 매니저로서의 편집자는 욕심을 낼수록 일이 많아진다.

특히 컴퓨터책은 독자가 시리즈 브랜드를 보고 선택하는 경우가 많기에 편집자가 신경 쓸 일이 한두 가지가 아니었다. 독자가 내용을 이해할 수 있도록 난이도를 조정하는 것은 기본이고, 이를 위해 베타테스트(제품 시판 전 결함 여부를 알아보는 시험) 결과를 수집한 후 그에 맞게 원고를 정리하는 일이 필수였다. 콘셉트에 따라 본문, 용어 설명, 삼천포로 빠지는 부분, 특집 등으로 원고를 쪼개고 합치기를 반복했다. 제목과 광고 카피를 뽑고, 책의 상품 가치를 높이기 위해 부록을 붙이고 협찬도 알아보았다. 컬러 이미지가 많은 책들이라 일러스트레이터, 포토샵, DTP(desktop publishing: 전자 편집 인쇄 시스템) 지식도 보강해야 했다. 마치 야전 병원에서 각종 수술을 해치워야 하는 외과 의사처럼 원고 수정부터 집필, 마케팅까지 편집의 '임상 경험'을 다양하게 쌓은 시절이었다.

실용서였지만 나는 감동을 주고 싶었다. 여러 권 읽고도 이해가 안 된다는 독자에게 그건 당신 잘못이 아니라 책을 엉터리로 만든 저자와 출판사의 탓이라고 위로해 주고 싶었다. 그렇게 마음을 다해 만든 책들은 반응이 좋았다. 독자에게 받은 감사 엽서와 전화는 나를 무척 행복하게 만들었다.

당시 내 사수였던 이지연 이사는 이런 감동이 우리가 만든 책의 차별화 지점이라며 슬로건을 만들어 보라고 제안했다. 그때 만든 슬로건은 지금도 길벗의 책 앞에 실려 있다.

오래가는 어린이 학습서 만들기

5년차에 이르러 팀장이 되면서 관리 업무가 주어졌다. 하지만 책 만드는 일은 조금만 집중이 흐트러져도 그대로 반영되기에 실무 역시 소홀히 할 수가 없다. 일반적으로 편집 5년차는 책 한 권을 안심하고 맡길 수 있는 수준의 능력을 가진다. 그런데 거기에 팀원 관리까지. 한꺼번에 너무 많은 에너지가 소모되었다.

프로젝트 매니저로서의 편집자는 독립적으로 일을 진행하기에, 어떤 책은 팀장보다 팀원에게 정보가 더 집중되기도 한다. 이때 팀장이 팀원을 이끌고 리더십을 발휘하려면 팀원이 생각하는 수준 이상의 대안을 제시할 수 있어야 한다. 그러나 5년차에게 그런 능력이 있을 리만무했다. 당연히 일이 즐겁지 않았다. 어느 일이든 마찬가지겠지만 관리자로 일하려면 확실한 전문성이 있어야 한다. 지금 생각해 보니 당시나는 제 한 몸 추스르기도 바빴고, 그런 팀장 아래 팀은 결속력이 약해질 수밖에 없었다.

설상가상으로 IT 거품이 꺼지면서 컴퓨터책 시장도 위축되었다. 회사에서는 돌파구 차원에서 신규 사업을 고민하고 있었는데, 감독보다 선수로 뛰는 게 좋겠다 싶어서 나는 신규사업팀에 자원했다. 선배들이 다져 놓은 판에서 기획과 편집이라는 직무를 익히고 믿을 수 있는 책을 내는 게 그동안의 임무였다면, 이제는 스스로 새로운 판을 짤 차례였다. 부담감도 컸지만 차원이 다른 일을 앞두고 가슴이 뛰었다.

신규 분야 진출을 위해 맨 처음 한 일은 주요 서점의 판매 지수를 참고해 베스트셀러 순위를 매기고 분야별 시장 크기를 측정한 뒤, 진입 장벽이 상대적으로 낮은 분야, 그리고 우리가 잘할 수 있는 분야를 추리는 것이었다. 그런 다음 조사 내용을 검증하기 위해 다른 출판사 사람들을 만났다. 책 판권에 나온 전화번호로 무작정 연락했다. 그렇게 불쑥 찾아간 나에게 출판계 선배들은 참 너그러웠다. 그들이 들려준 책 뒤에 숨은 이야기, 일에 대한 조언 등은 내 고민과 생각의 폭을 넓혀 주었다.(얼마 전 다른 출판사 후배들이 궁금한 게 있다며 나를 찾아왔다. 나는 그들의 모습에서 옛날의 나를 보았다. 예전에 만난 선배들이 내게 그랬듯이 나도 그들을 진심으로 응원해 주었다.)

내가 처음으로 판을 짠 분야는 어린이 학습서였다. 국내 저자가 마땅치 않아서 외서를 검색하던 중 일본 아마존 1위에 오른 쇼가쿠칸(小學館)의 『학력은 가정에서 성장한다』라는 책을 발견했다. 검토를 해 보니 좋은 책이긴 한데 우리나라 교육서들과 큰 차이가 없었다. 그래도 느낌이 좋아서 에이전시에 문의했다. 에이전시에서는 쇼가쿠칸에서 이 책 하나만 팔지는 않을 것이라고 했다. 책에 딸린 문제집 두 권까지 함께 사야 저작권을 살 수 있다는 말이었다. 이런 조건 때문에 관심을 보이다가 물러선 출판사가 적지 않은 듯했다. 나 또한 끼워팔기가 아닌가 생각했지만, 검토해 보니 문제집은 단행본의 지침을 따라 하도록 만든 워크북이었다. 나는 컴퓨터책을 만들면서 이미 시리즈의 힘을 체험한 바 있었다. 그래서인지 이 세 권을 시리즈로 만들면 통할 거란 직감이 들었다.

저자 가게야마 히데오(陰山英男) 선생은 사설 학원 하나 없는 '깡촌' 야마구치의 초등학교 교사다. 그가 가르친 이 학교 아이들은 10년 연속 전국 학력 테스트에서 1위를 차지했고, 졸업 뒤 서로 흩어져 여러 중·고등학교로 진학했는데도 40퍼센트 가까이 명문대에 합격해서 언론의 주목을 받았다. 그의 교육법은 '읽기, 쓰기, 계산하기의 철저한 반

:: 단행본(왼쪽)과 워크북으로 구성된 '기적의 계산법' 시리즈는 학년별, 과목별로 분화하여 지금까지 독자들의 사랑을 받고 있다.

복'으로 요약할 수 있다. 이 학습론을 담은 단행본은 『공부 습관, 10살 전에 끝내라』로 나왔고, 실제 계산에 이를 적용한 문제집은 『기적의 계산법-사칙연산 100칸 계산편』, 『기적의 계산법-초등수학 전학년 총정리편』으로 출간되었다. 출간 이후 가게야마 히데오 선생을 초청해 강연회를 열었고, KBS와 MBC 등 방송에도 소개가 되면서 책은 큰 반응을 얻었다.

이 책을 베스트셀러에 올려놓는 것만이 목표는 아니었다. 『공부 습관, 10살 전에 끝내라!』 단행본은 사실 '낚싯밥'이었고, 『기적의 계산법』을 오래가는 시리즈로 만드는 게 나의 최종 목표였다. 이 꿈은 6년이 지난 지금까지도 실현되고 있는 중이다. 『기적의 계산법』은 학년별로, 그리고 『기적의 받아쓰기』, 『기적의 한글 학습』 등 다른 과목으로도 확산되어 수십 종의 시리즈로 진화하면서 공부방, 학원, 가정 학습의 교재로 사랑받고 있다.

경제경영서에 '무작정 따라하기' 접목

'기적' 시리즈를 초반에 안착시키고 나는 신규사업팀을 빠져나왔다. 책이 잘 나가고 앞으로 할 일도 보였지만, 계속 그 분야의 책만 만들고 싶지는 않았다. 컴퓨터책은 컴퓨터를 잘 다루고 싶어서 만들기 시작했다. 컴퓨터를 배우면서 책까지 만들 수 있어서 만족스러웠다. 그다음은? 경제·경영 분야가 떠올랐다. 당시 내가 주로 읽던 게 경제·경영 쪽 책이었다. 그 분야 책을 마음껏 읽으며 내고 싶은 책도 만든다면 일석이조일 듯했다. 하지만 쉽지는 않았다.

어린이학습팀을 꾸렸을 때와 경제경영팀을 꾸렸을 때, 어느 때가 더 힘들었냐고 사람들이 물으면 나는 경제경영팀이 더 힘들었다고 말한다. 어린이학습팀은 처음 꾸릴 때 어려움을 겪었지만, 모든 게 새롭고 재미있었다. 회사의 지원도 많이 받았고 운도 따랐다. 반면 경제경영팀은 만드는 것 자체는 어렵지 않았으나, 다른 면에서 힘들었다. 당시 회사로선 경제경영팀 신설이 부담스러운 상황이었다. '기적' 시리즈를 안착시키고 그 분야에 역량을 집중하는 게 더 중요했기 때문이다.

이종원 대표는 고심 끝에 경제경영팀 신설을 허락했다. 그러고는 경제·경영 시장에 진출할 때는 흩어지는 모래알 같은 단행본보다는 밑반찬같이 꾸준히 나가는 시리즈물을 내는 게 중요하다고 조언을 했다. 하지만 나는 시리즈 말고 짜릿하게 진검 승부를 할 수 있는 단행본을 만들고 싶었다. 그런 생각으로 첫 번째 책을 냈지만 실패하고 말았다. 칼을 들었으니 무라도 잘라야지 하는 마음으로 전열을 가다듬었다. 내가 무엇을 잘할 수 있을까 다시 생각했다. 회사의 지원을 크게 기대할 수는 없지만 내가 회사에서 챙길 수 있는 자원은 많았다. 입사 초기에

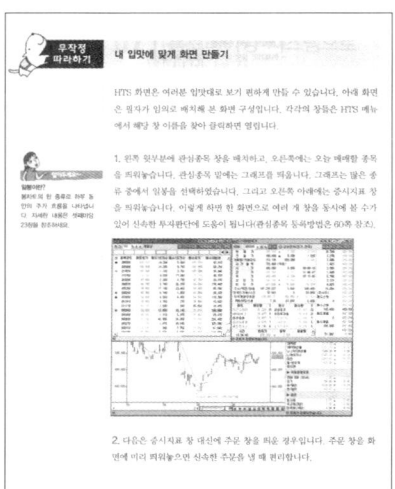

:: 컴퓨터 분야에서 성공한 '무작정 따라하기' 시리즈를 경제경영 분야에 적용하여 성공한 『주식투자 무작정 따라하기』.

만든 '무작정 따라하기' 시리즈를 경제·경영 분야에 접목하면 어떨까 하는 생각이 퍼뜩 들었다.

컴퓨터책을 만들 때 들어온 기획안 중에 주식책 기획안이 있었는데 요행히 버리지 않고 가지고 있었다. 인연이 닿아서였을까. 그 저자(윤재수 선생)와 의기투합하여 『주식 투자 무작정 따라하기』를 출간했고 그게 베스트셀러가 되면서 경제경영팀은 차츰 안정되었다.

『주식 투자 무작정 따라하기』는 개인 투자자의 성공 비법을 알려 주는 책이 아니라, 검증된 투자 기법을 엄선해 왕초보의 눈높이에 맞춰 설명한 책이다. 그 당시 경제·경영 분야의 책들은 컴퓨터·영어·참고서 분야에 비해 편집 구성이 약했고, 나는 우리가 이 부분을 공략해야 한다고 생각했다. 독자가 이해할 수 있겠다 싶을 때까지 원고 수정을 거듭했다. 출간 전에도 '웬만큼은 팔리겠다' 하고 기대했는데 독자들의 반응은 예상보다 뜨거웠다.

이 책의 성공 이후 팀원들도 보강되어 회계, 경영, 마케팅, 절세법, 경매, 펀드 투자 등 '무작정 따라하기' 시리즈를 계속 만들고 있다. 또 내용은 좋지만 '무작정 따라하기' 시리즈에 적합하지 않은 아이템도 사장시키지 않고 '상식 사전' 시리즈라는 새로운 브랜드로 펴내고 있다. '상식 사전' 시리즈 가운데 『경제 상식 사전』은 "경제 신문이 스포츠 신문보다 더 재미있어진다."는 콘셉트를 가지고 일러스트와 재미있는 주제로 구성해 독자들의 사랑을 받았다. '무따기' 시리즈와 '상식 사전' 시리즈는 서로 보완 관계가 되도록 하는 데 중점을 두었다.

경제경영팀 출범 초기 '진검 승부' 때 깨진 한풀이 차원에서 몇몇 단행본을 냈고 그중에 베스트셀러도 나왔다. 경제·경영 분야는 다른 분야에 비해 진입 장벽이 낮은 편이어서 후발 주자라 해도 앞으로 치고 나가는 게 불가능하지는 않다. 동시에 베스트셀러가 되었다고 안심할 수도 없다. 경제·경영 분야의 책은 짧게는 1~2주, 길게는 몇 달 만에 순위권에서 내려오곤 한다. 많이 팔 수 있지만 몇몇 아이템에 한정되어 있고, 팔려 나가는 기간도 길지 않다. 그만큼 경제·경영 분야는 변동이 심해서 안정적인 경영이 어렵다.

이 시장을 경험해 보니 나 또한 모래알같이 흩어지는 단행본보다는 밑반찬 같은 시리즈에 관심과 애정이 더 간다. 이제는 어느 분야의 단행본을 내더라도 그 단행본이 시리즈로 확대될 가능성을 염두에 두고 책을 만들 것 같다. 내가 긴 호흡으로 독자와 소통하기 위해 잡지에서 단행본을 선택했듯, 단행본에서 시리즈로 관심이 이동한 것은 당연한 흐름이라는 생각이 든다. 시리즈는 독자와 지속적으로 소통할 수 있다는 장점이 있기 때문이다.

우리는 같은 곳을 향해 달려가고 있다

이렇게 한 가지 일을 10년 넘게 할 줄은 나 자신도 몰랐다. 운 좋게도 먹고살기 위한 일(labor)과 보람을 느끼는 일(work)이 맞아떨어졌기 때문일 것이다. 20대 때는 불안한 미래 때문에 전전긍긍했다. 마음을 잡지 못하고 많이 힘들어하다가 고민을 정리하게 됐다. 움베르토 에코가 던진 한마디 덕분이었다.

"인간은 누구나 하나의 초점을 향해 달려간다."

전공을 선택할 때 저지른 어처구니없는 실수 때문에 나는 대학 4년을 룸펜처럼 허송세월하며 자신감 없이 살았다. 하지만 자책하기보다 자신을 격려하는 것이 낫다고 마음먹은 뒤 늘 머릿속에 에코의 말을 떠올렸다. 내가 한 모든 경험의 씨실과 날실을 엮다 보면 볼품없는 보자기라도 만들 수 있을 거라고 말이다. 마음에 품은 그 말이 자기소개서에 들어갔고, 면접관의 마음을 움직여 나에게 편집자의 길을 걷게 해주었으니 참으로 신기하고도 다행스러운 일이다.

이 글을 읽는 당신이 편집자를 꿈꾸고 있거나 이미 그 삶을 살고 있다면 우리는 우연히도 같은 초점을 향해 달려가고 있는 것이리라. 그 초점을 향해 뛸 때도, 멈출 때도, 걸을 때도 있겠지만, 주저앉지는 말자. 그렇게 스스로를 이끌다 보면 편집자로서의 삶이 '레이버(labor)'보다 '워크(work)'에 수렴되지 않을까. 그렇게 되기를 진심으로 기원해 본다.

독자와 함께 성장하는 즐거움

| 신옥희 |

1963년에 태어나, 1988년 고려대 독문과를 졸업했다. 1990년부터 지금까지 어린이책과 교육서, 청소년책을
만들어 왔다. 2005년에는 보리출판사에서 월간 어린이 잡지 『개똥이네 놀이터』를 창간했다.

    대학을 졸업하던 해부터 편집 일을 했다. 헤아리고 보니 강산이
두 번 바뀔 만큼 긴 세월을 출판 동네에서 살아왔다. 일찍이 평생 한 우
물만 파겠다는 남다른 고집이나 신념을 품은 적은 없다. 아, 언젠가 외
국 도서전에 가서 나이 지긋한 편집자들을 보면서 부러워한 일은 있다.
독일 출판사 부스에 앉아 담배를 물고 20대 못지않은 열정으로 자기가
만든 책을 설명하던 할머니 편집자의 모습은 참으로 신선한 충격이었
다. 또 머리 희끗한 할아버지 편집자가 손녀뻘 되는 젊은 편집자와 나
란히 앉아 대지 작업을 한다는 일본의 유명한 어린이책 출판사 풍경을
전해 듣고 미래의 내 모습을 그 위에 겹쳐 보기도 했다.

    가끔 그랬다는 얘기다. 일 더미에 책 더미에 파묻혀 정신없이 살다
가 보니 어느새 내가 대학 입학하던 해에 태어난 편집 지망생들을 면접

하고 있더라. 오호라, 격세지감!

잡지사에서 편집·제작·발송까지

내가 출판 동네에 발을 들여 놓던 20년 전에는 출판이나 편집 일을 하려면 어디서 무엇을 어떻게 배우고 준비해야 하는지 도통 알려 주는 데가 없었다. 책 만드는 일을 하겠다고 마음먹고는 출판과 편집 공정부터 배우자 하고 무작정 내가 찾아간 곳이 사진 잡지사였다. 아무것도 할 줄 아는 게 없으니 편집 일을 배울 수 있다면 돈을 안 받고 거저라도 일을 하겠다는 심정으로 들이댔다.

그렇게 들어간 잡지사는 책이 어떻게 만들어지고 독자에게 전달되는지 출판 일의 모든 공정을 익히는 데는 딱이었다. 월간 잡지였는데 출근 첫날부터 몇 개 꼭지의 담당이 되어 바로 원고를 쓰고 교정 보고 레이아웃 잡고 제작하고 그리고 발송까지, 1인 다역을 해냈다. 가끔 짤막한 원고를 번역하기도 했다. 그렇게 한 호를 끝내고 돌아서면 바로 다음 호를 만들어야 했다. 회사라고 하기에는 시스템이 꽤나 기괴했고 일은 '생노가다'였지만, 책이 이렇게 만들어지고 유통되는구나 하는 것을 초고속으로 배웠다.

얼마 뒤 사진 잡지사를 그만두고 어찌어찌해서 몇 사람(출판과 편집에 관한 한 다 초짜들이었다!)이 모여 대학생 잡지를 창간했다. 어찌 그런 무모한 짓을 할 수 있었는지 모를 일이지만 어쨌든 그때는 그런 일을 종종 했다. 지금 보면 얼굴이 화끈거릴 만큼 미숙한 잡지지만, 한 해 넘게 집에도 잘 못 들어가고 날밤을 새우며 만들었다. 그것도 월간

지였다! 하루에도 몇 번씩 숱하게 기획회의를 하고, 발로 뛰어다니며 원고 청탁을 하고, 돈 들여 공모까지 해서 어렵사리 제호를 정하고, 대학마다 돌아다니며 창간호 포스터를 붙이고, 막판에는 편집 마감! 컴퓨터가 없던 시절인지라 손으로 대지 작업을 했다. 밤샘 마감을 하던 어느 날엔가는 하필 흔치도 않은 '좇'이라는 글자가 몇 군데나 오타가 나는 바람에 모두가 눈이 시뻘게진 채 온갖 책을 뒤지며 '좇'이라는 글자를 칼로 오려 내다가 동이 튼 적도 있었지. "심봤다!"가 아니라 "좇 봤다!"를 외치면서. 젊음 하나 믿고 맨땅에 헤딩했던 우리들의 그 '생노가다' 잡지는 몇 호를 내고 자진(!) 폐간했다.

어린이책이 준 감동

그러니까 나는 20대에 몸으로 먼저 출판과 편집을 배운 셈이다. 그러고 나서야 남들이 만든 책들을 찬찬히 살펴볼 줄 아는 눈을 갖게 되었다. 일부러 시간을 내서 서점과 도서관을 찾아 책을 꼼꼼히 살폈다. 때로는 독자의 눈으로, 때로는 편집자의 눈으로. 종종 책의 판권을 보면서 이 책을 내가 만들었다면 어떻게 했을까 하는 그림을 머릿속으로 그려 보기도 했다. 그러다 보니 어떤 편집자가 될 것인지, 어떤 책을 만들 것인지 스스로 묻게 되었다. 일해 보고 싶은 출판사를 몇 군데 골라 내가 먼저 연락을 했고 그중 한 곳에서 어린이책을 만들게 되었다. 자기소개서를 무척 공들여 써 보냈던 기억이 난다.

1990년대가 시작되던 그 무렵에는 사회과학 서적을 내오던 출판사들이 하나둘 어린이 단행본 출판을 준비하거나 시작했다. 1980년대까지 군사 독재 정권 타도를 외치면서 정치 투쟁을 했던 386세대가 사회로 진출하면서 어린이 문화 운동의 주체가 되기도 했다. 혈기왕성했던 청년들이 부모가 되면서 자연스럽게 어린이 문화와 교육에 눈을 돌리게 된 것이다. 어린이책 출판에 몸담은 386들은 제작자이자 소비자가 되었다. 나도 어린이책을 만들면서 부모가 되었고, 어린이책을 만들면서 아이를 키웠다.

내가 처음 어린이책을 만들었던 출판사에서는 권정생 윤기현 윤태규 박상규 같은 우리나라 현대 아동 문학 작가들의 사실주의 동화집들을 주로 내면서, 아이들이 쓴 빼어난 시와 산문을 엮은 책도 펴냈다. 아이들이 쓴 글이 어른인 나를 웃기고 울릴 수 있다는 것, 그리고 아이들에게는 어른의 글 못지않게 또래가 쓴 글이 큰 감동을 준다는 것을 처음 배웠다. 나는 어린이와 어린이책에 대해서 새롭게 눈을 떴다. 그림책을 포함한 어린이책의 세계가 얼마나 깊고 넓은지, 그것을 만드는 어린이책 편집자의 책무가 얼마나 중요하고 매력적인지도 새롭게 알게 되었다.

그 전까지 내가 생각했던 어린이 문학은 성인 문학보다 한 수 낮은 것, 유치하거나 문학성이 떨어지는 것이었다. 나만이 아니라 대개의 어른들 그리고 우리 사회가 어린이와 어린이 문학을 그렇게 취급해 왔다. 어른 중심, 남성 중심, 힘 중심의 사회에서 어린이와 약자와 소수자를 보는 눈은 한 가지다. 어린이는 덜 자라서 미숙하고 부족한 존재이거나 혹은 귀엽고 사랑스럽기만 한 존재여야 한다고 생각하는 것, 그것이 '동심 천사주의'요, 그렇게 쓰여지는 문학이 동심 천사주의 문학이다.

부끄러운 나의 편견과 무지를 깨 준 스승이 바로 어린이들과 어린이들이 쓴 글, 그리고 출판사의 기획위원이던 이오덕 선생님이었다. 나

:: 이오덕 선생이 엮은 농촌 어린이 시집 『일하는 아이들』 고침판(2002). 나는 1970년대 후반 청년사에서 나온 책으로 읽었는데, 운 좋게도 나중에 내가 일하는 출판사에서 고침판을 내게 되었다.

는 그분을 통해 진정한 어린이책 편집자의 길로 입문할 수 있었다. 오랫동안 가난한 농촌 마을에서 아이들을 가르쳤던 선생님은 아이들 삶에서 끌어낸 진실한 기록을 책으로 엮어 냈다. 그 무렵, 이오덕 선생님이 엮은 책을 보다가 이런 어린이 시를 만났다.

　　비료 지기
　　아버지하고 / 동장네 집에 가서 / 비료를 지고 오는데 / 하도 무거워서 / 눈물이 나왔다. / 오다가 쉬는데 / 아이들이 / 창교 비료 지고 간다 / 한다. / 내가 제비 보고 / 제비야, / 비료 져다 우리 집에 / 갖다 다오, 하니 / 아무 말 안 한다. / 제비는 푸른 하늘 다 구경하고 / 나는 슬픈 생각이 났다.
　　　　　　　－경북 안동 대곡분교 3학년 정창교, 『일하는 아이들』(이오덕 편, 보리, 2002)

이 시를 처음 읽고 얼마나 가슴이 먹먹했는지 지금도 생생하다. 아이들에게 삶을 정직하게 드러내는 글쓰기를 가르치고, 어린이는 누구나 시인이라 믿었으며, 아이들의 말과 글이 훌륭한 우리말 교과서라 여긴 분이 바로 이오덕 선생님이다. 괜찮은 편집자가 되려거든 이오덕 선생님의 책부터 읽으시라. 어린이책 편집자는 말할 것도 없고 모든 편집자 지망생들이 교과서로 읽어야 하는 저작들이다. 나는 지금도 선생님에게서 배운다.

아이에게 부끄럽지 않은 책을 만들어야지

아이를 낳고 출판사를 옮겼다. 그때부터 지금까지 같은 출판사에서 책을 만들고 있으니 아이가 성장한 만큼 책을 만들었나 보다. 아이는 이제 청소년이 되었다. 어린이책을 만드는 사람이 반드시 아이를 낳아길러 봐야 하는 건 아니지만, 아이를 키우면서 어린이책을 만드는 건 축복이라고 생각한다. 편집자만이 아니라 어린이책 작가도 그렇다.

물론 어린아이를 기르면서 편집자로 일하는 것은 무척 힘들다. 육아에 대한 사회적인 배려와 장치가 거의 없는 우리 현실에서 두 가지 일을 해내려면 무조건 슈퍼우먼이 되어야 한다. 게다가 친정이나 시댁의 도움 없이 나처럼 혼자 육아를 감당하려면 10년쯤은 무지 고달플 것을 각오해야 한다. 편집자라는 직업은 칼퇴근하기가 몹시 어렵다. 기획 편집회의, 작가와의 약속이나 출장, 편집 마감, 그리고 출판사 안팎으로 치르는 이런저런 행사들이 낮밤을 가리지 않기 때문이다. 내 사정 봐 가면서 일을 잘하기가 어렵다는 말이다. 물론 출판사나 개인에 따라 차이는 있겠지만, 똑소리 나게 일하고 싶어 하는 일 욕심 많은 편집자라면 대체로 그렇다. 아이가 아프거나 아이를 맡겨 둔 어린이집이 문 닫을 시간이 지나서 발을 동동 구르면서 눈물을 찔끔거린 날도 셀 수 없을 만큼 많다. 나는 회사 가까운 어린이집에 아이를 보냈고, 늦게까지 일하는 다른 엄마들과 저녁 품앗이 육아를 해서 그나마 나은 편이었는데도 하루하루 늘 전쟁을 치르듯이 넘겼다.

그래도 아이를 낳아 기르면서 어린이책을 만든 그 시간들이 나에게는 더없는 축복이었다고 여긴다. 어른이 되어 딱딱해진 내 눈과 가슴을 말랑말랑하게 무장 해제시키는 넉넉한 문 하나를 아이가 열어 주었다고 할까? 다른 이가 만든 좋은 책이나 내가 만들고 있는 책을 아이에게 보여 주고 읽어 주며 함께 나누면서 자연스레 아이들 세계로 넘나들 수 있었다.

굳이 시간을 내어 책 읽어 줄 때가 아니라 일상에서도 아이를 보며 배운다. 아이가 대여섯 살이었을 때다. 마감이 촉박해서 주말에 아이를 데리고 회사에 나갔다. 다행히 아이는 그림 그리기를 좋아해서 종이와 연필만 있으면 한두 시간 너끈히 혼자 잘 놀았다. 아이는 내 곁에 앉아 중얼중얼 이야기를 만들어 내면서 그림 그리기에 빠져 있고, 나는 어서 일을 끝내려고 교정지에 코를 박고 있었다. 이면지에 온갖 종류의 공룡을 그리던 아이가 갑자기 물었다. "근데 엄마는 왜 계속 낭떠러지랑 6자랑 9자만 그리는 거야?" 이게 뭔 소린가 싶어 교정지를 내려다보았다. 그때 나는 옛이야기책 교정을 보고 있었는데, 글을 뒤흘리기 편집하느라 행마다 일일이 줄바꾸기 부호(⌐)를 표시하고, 따옴표가 깨져서 여기저기 따옴표를 그려 넣고 있었다. 아이 눈에 줄바꾸기 부호는 낭떠러지로, 따옴표는 6자와 9자로 보였던 거다.(아이는 그때 한글은 몰랐지만 숫자는 0부터 9까지 알고 있었던 거다!)

나는 교정지를 보고도 무슨 말인지 못 알아차리다가 아이가 손으로 부호들을 가리킨 뒤에야 알았다. 아하하! 그 옛이야기책 열 권을 만드는 동안 아이에게 참 많이 배웠다. 그리고 어린이책 편집자가 되길 참 잘했다는 생각을 했다. 내가 감이 잘 안 잡힐 때 아이에게 원고를 읽어 주거나 삽화 밑그림을 보여 주면, 고정관념에 사로잡힌 어른 눈에 보이지 않던 것이 아이를 통해 쏙쏙 드러나곤 했다. 아이는 아이대로, 늘 바쁜 엄마가 이것저것 보여 주고 이야기를 나누면서 만든 책이라 느낌이 남달랐던 걸까, 그 옛이야기책들을 아주 오래오래 좋아했다.

나는 아이가 열어 준 그 문 덕분에 내가 조금이나마 괜찮은 어린이책 편집자가 되었다고 믿는다. 아이의 초롱초롱한 두 눈을 마주하고 있으면, 누군들 좋은 책을 만들어야지 하는 각오가 절로 솟구치지 않겠는가. 실제로 자기 아이에게 줄 만한 책이 없어서 그림책을 시작했다는 작가도 있고, 자기 아이에게 부끄럽지 않은 책을 만들겠다는 각오로 일하는 편집자도 꽤 있다. 어린이책을 만드는 사람은 누구든 아이들에게 배워야 한다. 편집자는 나의 독자가 무엇을 원하는지, 그것을 어떤 그릇에 담아 어떻게 이야기할 것인지를 알아야 하는 사람이기 때문이다.

그래서 나는 어린이책 편집자를 지망하는 후배들에게 아이들과 함께 놀고 관찰할 것을 적극 권한다. 어린이집이나 유치원, 공부방 같은 곳에서 봉사 활동을 하는 것도 좋은 방법이다. 아이들에게 책 읽어 주는 일만 해 봐도, 어른인 우리가 만드는 책이 아이들에게 어떤 영향을 끼치는지 생생하게 느낄 수 있다. 자신이 만든 책 또는 만들고자 하는 책을 모니터링할 수 있고, 아이들과 세상에 꼭 필요한 책의 기획이 시작되는 시간이 될 수도 있다. 말이 나온 김에 덧붙이자면, 출판기획은 책상머리에서 시작될 때도 있지만 삶의 현장에서 시작될 때도 많다. 어

:: 2005년 12월에 창간한 월간 어린이 잡지 『개똥이네 놀이터』 2009년 2월호(39호) 표지(왼쪽). 잡지는 편집자에게 고통스럽고도 매혹적인 대상이다. 오른쪽은 『개똥이네 놀이터』에 연재한 뒤 단행본으로 펴낸 조혜란의 그림책 『할머니, 어디 가요?』 봄편. 잡지에 연재하기 전 1년간 취재하며 준비했고, 2년 연재가 끝난 뒤 단행본으로 낼 때는 그림을 완전히 새로 그리고 편집했다.

느 쪽이 좋다 나쁘다 말할 수는 없다. 어떤 책이든 모든 책은 우리가 사는 데 쓸모 있게 쓰일 목적으로 태어나야 하기 때문이다. 또 책을 기획하다 보면 처음 기획이 꼬리에 꼬리를 물고 새로운 책으로 이어지기도 하고, 가지를 뻗어서 확장되기도 한다. 그러니 출판기획의 독창성과 의외성, 그리고 유기성과 총체성은 어찌 보면 같은 맥락에 놓여 있지 싶다. 사람과 자연과 이 세계처럼 말이다.

글·그림 공동 작업의 보람

내가 처음 인연을 맺은 어린이책이 읽기책(text book)이다 보니, 그림책보다는 주로 읽기책을 많이 만들었다. 그림책은 말할 것도 없거니와 읽기책을 만들 때도 편집자는 글과 그림의 관계를 조화롭게 구성할 수 있는 감각과 안목을 가져야 한다. 이 감각과 안목은 타고나기도 하지만 배워야 한다. 가장 좋은 방법은 좋은 책을 많이 보는 것이다. 완성도에서 이미 검증받은 고전과 명작들부터 보는 것이 좋다.(좋은 그림책과 어린이책 목록은 쉽게 구할 수 있다.) 그러다 보면 어느 날에는 그림책과 어린이책의 세계에 풍덩 빠져 행복한 독자가 되어 있는 자신을 발견할지도 모른다. 유명한 편집자인 일본 후쿠인칸쇼텐(福音館書店)의 마쓰이 다다시(松居直) 할아버지에 따르면 그림책은 "어른과 어린이가 공유하는 책"이다. 행복한 독자에 머물지 않고 독자를 행복하게 해 주는 어린이책 편집자로 나아가려면 공유하고 공감하는 것이 먼저다.

많은 사람들이 편집자라는 직업을 책상머리에서 고상하게 펜대 굴리는 일로 여긴다. 하지만 내가 20년 동안 경험한 이 직업의 세계는 매우 역동적이고 창의적이며 관계 지향적으로 일해야 하는 곳이다. 한 사람만의 능력으로 뚝딱 책이 만들어지는 게 아니기 때문이다. 어린이책은 더더욱 그렇다. 기획 초기 단계에서는 갖가지 자료 조사와 기획회의가 거듭된다. 자료 조사는 활자화된 자료만 모으는 게 아니다. 발품을 팔수록, 취재를 탄탄하게 할수록 풍부해지는 경우가 많다. 기획안의 틀이 웬만큼 잡히면 작가를 섭외하고, 그러고 나면 작가가 최상의 원고를 완성할 수 있도록 디렉팅, 지원, 관리를 적절하게 해야 한다.

그림책 같은 단행본을 만들 때도 그렇지만, 수두룩한 꼭지를 다달이 마감해야 하는 월간 잡지를 만들어 보면 어린이책 편집자가 해야 하는 일이 얼마나 무궁무진한지 바로 알 수 있다. 작가의 수만큼 경우의 수는 많아지기 때문이다. 글 작가와 그림 작가를 따로 두고 기획한 꼭

:: 아이를 키우면서 어린이책을 만든 것은 축복이었다. 나는 아이에게서 너무나 많은 것을 배웠다.

지나 책을 진행하는 경우에 편집자는 둘 사이를 조율하는 조정자가 되어야 한다. 이 관계가 원활하게 풀리지 않아서 편집자와 작가, 또는 글 작가와 그림 작가가 원수지고 돌아서는 일도 간혹 생긴다. 그럴 경우 개인들의 관계가 깨지는 것에서 끝나지 않고 책의 완성도까지 떨어지기 십상이다. 협업 관계인 디자이너와의 관계도 마찬가지다. 많은 편집자들이 가장 스트레스 받고 힘들어하는 문제가 바로 이런 관계를 조정하는 일이다. 어떤 일이든 혼자 하는 것보다 여럿이 하는 게 훨씬 힘들기도 하고 훨씬 기쁘기도 한 법이다. 그러니까, 책상머리에 고독하게 앉아 원고와 씨름하는 것도 편집자의 일임에는 분명하지만, 책 한 권에 참여하는 여러 관계의 그물망을 잘 풀어 가면서 그 책의 목표지점에 잘 도달하게 만드는 것 또한 편집자의 중요한 몫이라는 말이다.

　이쯤에서 좋은 어린이책 편집자가 되는 데 꼭 필요한 덕목을 딱 한

가지 꼽으라면? 프로 의식이다. 그 한마디 안에 다 들어 있다. 편집자라면 누구에게나 필요한 인문학적인 소양에다가 글을 보는 안목과 자질, 감각, 열정, 탐구심, 판단력, 책임감. 그건 어떤 직업이든 필요한 것 아니냐고? 물론 그렇다. 어린이책 편집도 마찬가지라는 얘기다. 어린이책이 다루어야 하는 주제와 장르는 어린이들의 삶과 세계만큼 다양하고 넓고 깊고 매력적이다. 어린애들이 보는 책이니까 '대충, 적당히, 얕고, 좁고, 얄팍하게 만들어도 되는 거 아냐?' 하고 생각하는 사람들은 정말이지 이젠 없을 줄로 믿는다.

수험생보다 더 열심히 공부한다

| 정전희 |

1977년 전라남도 광주에서 태어났으며, 경희대학교 국어국문학과를 졸업하였다. 월간 『현대문학』 편집부에서 일하던 중 학습서 쪽으로 분야를 바꿔 국어 전문 출판사 한샘의 국어팀에 들어갔다. 그 후 수능 언어영역 교재를 만드는 출판사 좋은책을 거쳐, 현재 국어 전문 출판사 꿈을담는틀 편집부 국어팀 팀장으로 일하고 있다.

중·고등학교 시절, 누구나 문제집을 사서 풀어 본 경험이 있을 것이다. 나 또한 마찬가지다. 그때는 그저 시험 준비를 위해 문제집을 샀을 뿐, 문제집이 어떤 의도로 어떤 과정을 거쳐 만들어지는지, 문제들은 어떻게 선정되는지 등에는 전혀 관심이 없었다. 그러던 내가 현재 그 '문제집'이라는 것을 만들고 있다.

사실, 처음 취업할 때부터 학습서를 만드는 출판사에서 일하려고 했던 건 아니었다. 전공이 국문학이었기 때문에 관련 분야의 일을 하게 되겠지 하는 막연한 생각만 있었는데 대학교 졸업 후 잡지사에서 일을 하게 됐다. 하지만 별로 재미를 느끼지 못했다. 다른 회사에 가도 출판 일은 다 비슷할 텐데 출판 일이 내 적성에 맞지 않는 것은 아닌가 고민을 하기도 했다. 그러다가 당시 국어 문제집으로 유명했던 학습서 출판사에 취직하여 지금까지 이 분야에서만 7년 넘게 일하고 있다. 물론 하는 일에도 만족한다.

그러면서 출판사라고 다 같은 출판사가 아니라는 것을 알게 됐다. 어떤 책을 만드느냐에 따라서 재미있게 일할 수도 있고, 적성과 맞지 않아 재미없을 수도 있는 것이다. 따라서 출판사에 입사 지원을 할 때는 자신이 어떤 종류의 책을 좋아하고 어느 분야에 관심이 있는지를 제일 먼저 생각해 보아야 한다.

나의 경우 교육 분야에 관심이 많고, 대학교 때 교직도 이수했기 때문에 학습서 출판사에서 일하는 게 적성에 맞다. 그러고 보면 난 '국어'를 이용해서 다른 책 내용을 교정하는 게 아니라, '국어' 과목 자체를 교정하는 일에 흥미를 느꼈던 것이다. 고등학교 때 국어 과목을 좋아했던 영향도 있다. 반면 친하게 지내던 동료 한 사람은 인문 교양 관련 잡지를 만드는 출판사로 자리를 옮겼다. 국어 문제집 만드는 일이 전혀 재미있지 않다면서. 평소 인문 교양서를 즐겨 읽던 그였기에 옮긴 출판사에서 즐겁게 일한다는 얘기를 들었다.

"학창 시절에 이렇게 공부했으면 S대 갔지"

학습서 편집자는 중·고등학생 때보다 공부를 더 많이 한다. 학습서의 목적은 학생들이 내신 시험이나 수능에서 점수를 잘 받게 하는 것이다. 책이 시험에 적중할 만한 내용으로 구성되어야 하기 때문에 그 책을 만드는 편집자 역시 시험을 앞둔 학생과, 학생을 가르치는 선생님의 심정으로 공부를 열심히 한다. 그래서 편집자들끼리 농담으로 "학창

:: 학습서를 만들 때도 시장 조사가 우선이다. 서점에서 어떤 학습서가 어느 위치에 놓여 있는지, 학생들이 어떤 책을 유심히 보고 있는지 등만 봐도 흐름을 파악할 수 있다.

시절에 이렇게 공부했으면 S대 갔겠다."는 이야기를 하기도 한다.

학습서 편집자들은 띄어쓰기, 맞춤법, 비문 교정 등의 일반적인 편집 능력은 기본으로 갖추어야 하고 원고 내용에서 오류도 판별할 수 있어야 한다. 문제에 틀린 점은 없는지, 문제의 수준은 나쁘지 않은지 끊임없이 검토, 또 검토해야 한다. 일선 교사나 학원 강사가 만든 문제를 점검하면서 오류를 판단할 때는 참 머리가 아프다. 유명 교사나 강사라고 하면서도 원고의 질은 형편없는 경우가 많다. 심지어 문제를 다른 곳에서 베껴 오는 저자도 있다. 예전에 한 유명 학원 강사가 원고를 써 왔는데, 인쇄 직전에야 다른 출판사 문제집과 내용이 같다는 것을 발견하고 폐기 처분한 적도 있다.

문제집에는 오답이 나와서도 안 된다. 학생들은 문제집을 신봉(?)하는 경향이 있다. 얼마 전, 한 유명 출판사에서 낸 문제집에 정답이 잘

못 표기된 문제가 있었는데 어떤 학교 선생님이 그 문제를 중간고사에 그대로 냈다. 문제집에 나온 답을 쓴 학생들은 나중에 출판사에 강력하게 항의했고, 당시 그 출판사의 편집자들이 무척 난감해했다고 한다.

학습서 편집자는 교사와 강사, 학생들의 시장 수요를 파악하고 그에 맞는 기획과 함께 오류가 없고 시험에 적중할 수 있는 내용으로 책이 구성되도록 끊임없이 노력해야 한다. 이를 위해 교육 정책의 동향을 잘 알아야 하고, 내신 시험과 수능의 출제 경향에 대해서도 입시 전문가 못지않게 관심을 두고 공부해야 한다.

머리에 쥐 나도록 고치고 또 고치고

구체적으로 한 권의 문제집이 어떻게 만들어지는지 살펴보자. 우선 시장 동향을 잘 살펴서 책을 기획해야 한다. 다른 책과 마찬가지로, 문제집 또한 어떤 문제집이 독자에게 잘 '먹힐' 것인지가 출발점이다. 이를 위해서는 시장 조사와 타사 교재 분석, 설문 조사 등이 기본적으로 뒷받침되어야 한다. 따라서 평소 서점에 자주 들르는 습관을 가질 필요가 있다. 서점에서 어떤 책이 어느 위치에 놓여 있는지, 어떤 책을 학생들이 유심히 보고 있는지 등만 살펴봐도 시장의 흐름을 대략 파악할 수 있다. 시장 조사 후에는 본격적인 기획에 들어간다.

기획이 확정되면 실제 수업 경험이 있는 교사나 강사에게 원고 집필을 요청하는데, 이때 필요한 것이 훌륭한 저자를 가려내는 안목이다. 원고를 잘 쓰는 저자, 즉 출제 잘하는 저자를 만나면 편집자의 고생이 줄어든다. 편집자로서는 큰 행운이다. 하지만 그것보다 더 중요한 것은 가능성이 있는 저자를 절차탁마의 자세로 다듬어 훌륭한 저자로 만들어 나가는 편집자의 노력이다. 우리 출판사의 한 저자는 대학교를 막 졸업하고 현장 경험도 많지 않던 25살에 첫 원고를 썼다. 원고가 아주 좋은 편은 아니었지만, 겸손하고 성실한 자세로 노력하는 저자의 모습이 돋보였다. 그래서 계속 작업을 같이 하면서 가능성을 열어 주고 힘을 실어 준 결과, 지금은 경력이 오래된 필자 못지않게 원고가 훌륭하여 다른 출판사에서도 인정을 받고 있다.

사실 처음부터 원고 잘 쓰는 저자를 만나기란 쉽지 않다. 하지만 편집자의 노력에 따라 저자는 얼마든지 달라질 수 있다. 그렇게 함께 일하는 과정에서 서로 스타일을 잘 알게 되어 다음 작업이 훨씬 수월해지는 경우도 많다.

한두 달 후 저자의 집필이 끝나면 원고를 받아 검토한다. 원고 검토를 할 때는 문제가 기획과 구성에 잘 맞는지, 오류는 없는지, 수준이 떨어지지는 않는지 등을 잘 살펴보아야 한다. 문제에 이상이 있을 경우에는 저자와 협의하여 문제를 다듬어 나간다. 몇 번씩 피드백 과정을 거치면서 수정한 원고를 또다시 되풀이해서 검토해야 하는 작업이 힘겹긴 하지만, 그렇게 해서 문제들이 하나하나 다듬어져 갈 때 편집자는 소설가가 한 편의 작품을 완성할 때와 같은 뿌듯함을 느낀다. 그런데 저자들 중에는 인쇄가 코앞에 닥쳐서야 원고를 내놔 단 며칠 만에 문제 오류 검토와 교정을 하게 만드는 사람들도 하나둘은 꼭 있다.

원고 검토가 끝나면 여러 차례 교정을 본다. 띄어쓰기의 경우 대부분 출판사들이 『표준국어대사전』을 따르지만, 문제집은 교과서에 맞추기 때문에 일반 단행본과 다를 수 있다. 또 학습서는 일반 단행본보다 단어와 단어 사이를 자주 띄어 쓰는 경향이 있다. 이는 한글 맞춤법의

"띄어 씀을 원칙으로 하되, 경우에 따라 붙여 씀도 허용한다."는 규정에서 '허용 규정'을 따르지 않고 '원칙'대로 하기 때문이다.

이렇게 교정이 끝나면 최종 점검을 한 뒤 인쇄한다. '기획-편집(교정)-인쇄'라는 과정은 여느 출판사와 마찬가지지만, 머리에 '쥐 나도록' 열심히 오류 점검을 하는 것이 학습서 출판사의 다른 점이다.

성차별 없고 안정적인 직장

학습서 출판사에 들어와서 가장 좋은 점은 '성차별'이 거의 없다는 것이다. 여자 직원이 90퍼센트 이상이니 이것은 어쩌면 당연한 일인지도 모르겠다. 결혼이나 임신을 이유로 직원을 '자르는' 회사는 거의 없다. 무리하게 회식을 하는 일도 보기 힘들다. 일반 직장인, 특히 신입사원은 회식 자리의 무리한 술 강요와 상사의 부적절한 행동 때문에 고민스러울 때가 많다고들 한다. 하지만 여자들이 많은 학습서 출판사의 회식 자리는 그런 분위기와 거리가 멀다. 때론 그냥 밥만 먹고 헤어져서 아쉬울 수는 있겠지만.

또 우리 국민은 교육열이 높아 학습서에 대한 기본적인 시장 수요가 있기 때문에 책만 잘 만들면 출판사가 망할(?) 염려는 적다. 주 구매층인 학생과 교사가 사라질 일도 없으므로 베스트셀러, 스테디셀러가되면 오랫동안 안정적으로 판매할 수 있다.

물론 학습서 출판사도 단점은 있다. 끊임없이 오류 여부를 점검하고 판단해야 하므로 뇌를 적지 않게 혹사시킨다. 편하게 일하려는 생각으로 학습서 출판사에 다니는 편집자가 있다면, 그가 만든 책과 그가 다니는 회사는 발전이 없을 것이다. 학습서 편집자는 끊임없이 공부하는 수험생과 같은 자세로 일을 해야 하는 것이다.

또 다른 단점은 여느 출판사들처럼 시간 외 근무가 적지 않고 노동 강도가 세다는 것이다. 출판계도 주 5일 근무가 점차 늘어나는 추세이지만, 학습서 출판사는 주말 근무가 많은 편이다. 한번은 마감이 닥쳐서 편집부 사람들이 늦게까지 일을 해야 하는 상황이었다. 하지만 밤 12시가 되자 건물 문을 닫아야 한다며 경비 아저씨가 우리를 내보냈다. 어쩔 수 없이 회사 근처에 여관방을 잡아 일을 했다. 그런데 당시 여관 주인이 혼숙은 안 된다고 뻗대는 바람에 애를 먹었던, 웃지 못할 해프닝도 있었다.

학습서 출판사의 연봉 수준도 아직까지는 그리 높지 못하다. 그래도 예전보다는 나아졌고, 일부 출판사에서는 중견 기업 수준의 연봉을 주기도 한다. 사실 다른 분야에 비해 유독 출판업계가 '박봉'으로 인식되는 경향도 없지 않다.(어쨌거나 학습서 편집자를 포함해 박봉에 시달리는 출판계 종사자가 아직 많기는 하다.)

요즘처럼 물가가 오르고 문제집의 가격도 비쌀 때는 문제집을 잘 만들어야겠다는 사명감이 더 커진다. '거금'을 들여 산 문제집이 오류투성이에 내용도 형편없다면 내가 학생이라고 해도 화가 날 것이다. 이처럼 학생들의 심정을 백분 이해할 수 있는 사람, 그리고 언제나 공부하는 자세로 열심히 일하는 사람, 바로 이런 사람이 학습서 출판사에 필요한 '완소남', '완소녀'라고 할 수 있겠다.

나를 철들게 하지 마라!

| 박현미 |

어깨동무사와 대교출판, 시공사를 거쳐 현재 아이세움의 만화팀장으로 있다. 그동안 만든 책으로 '서바이벌' 시리즈, '보물찾기' 시리즈, '내일은 실험왕' 시리즈, 『이문열 이희재 만화 삼국지』 등이 있다. 특히 '서바이벌' 시리즈는 한국을 비롯해 일본 중국 태국 등 여러 나라에서 1,000만 부 넘게 팔렸으며, '보물찾기' 시리즈도 한국과 대만 중국 태국에서 700만 부 이상 판매되었다.

주변에서 어린이 만화책을 잘 만들려면 어떻게 해야 하고, 어떤 소양이 필요하냐고 묻곤 한다. 어려운 질문이 아닐 수 없다. 짧게 대답하면 이렇다. "책과 영화·만화를 많이 보고, 실제 독자인 어린이들의 생활 방식을 알아야 하며, 무엇보다 기획자가 어린이처럼 철들지 않아야 한다." 물론 철들지 않되 발전은 해야 한다.

가끔 회사가 팀장에게 요구하는 사업 계획이나 예산 책정 등 행정 관련 업무를 해야 할 때 나는 극도의 스트레스를 받는다. 그럴 때면 혼자 중얼거린다. '내 머리를 철들게 하지 마라!'고. 하지만 속으로만 그럴 뿐, 직장인은 맡은 일을 해치운다. "후다닥!"

주인공은 작가와 편집자가 함께 키운다

만화는 칸과 칸을 연결한 그림으로 이루어져 있다. 그렇게 분리되어 있는 그림들을 독자가 손에 땀을 쥐고 하나의 연결된 장면으로 인식해 준다면 성공. 독자가 만화를 읽으며 "낄낄" 웃는 소리는 만화 편집자에겐 자양강장제보다 더 좋은 보약이다. 그 보약을 수시로 많이 먹기 위해서는 책을 재미있게, 그리고 잘 만들어야 한다.

어린이 만화책을 만드는 사람은 독자의 사랑을 받을 수 있도록 애써야 할 뿐만 아니라 실구매자인 부모의 마음도 읽어야 한다. 아이가 아무리 책을 사 달라고 떼를 써도 부모의 마음에 들지 않으면 그 책은 팔리지 않는다. 지금 부모 세대는 만화에 대한 인식이 그다지 좋지 않다. 그들이 어릴 적에 본 만화는 대개 명랑, 순정만화 등으로 학습에 별 도움이 안 되었기 때문이다. 하지만 요즘의 어린이 학습만화는 학습과 상식 그리고 재미가 유기적으로 결합되어 있다. 이런 사실을 부모가 받아들이는 데는 어린이가 '이 만화는 재미있어.'라고 느끼는 것보다 더 많은 시간이 필요하다.

이렇게 독자와 구매자가 다르기 때문에 양쪽 모두를 만족시키기 위해서는 무엇보다 중요한 것이 '기획'이다. 그래서 어린이 만화 분야에서는 편집자의 소양보다 기획자의 소양을 더 중요하게 여긴다. 그렇다면 편집자와 기획자의 차이는 무엇일까. 어린이 만화 편집자들은 대부분 기획자 역할을 동시에 수행하고 있다. 그럼에도 미세한 차이는 있다. 그 차이를 전문성을 배제하고 쉽게 설명하자면, 나는 이렇게 구분한다.

만화의 주인공이 있다. 마지막에 주인공이 죽을 것인가, 살 것인가. 이것을 결정하는 사람이 기획자다. 편집자는 작가가 작품을 탈고한 뒤

:: 2009년 서울 국제도서전에 설치된 아이세움 부스 앞에서 어린이들이 만화책을 읽고 있다. 어린이 만화책을 만들 때는 기획자의 소양이 무척 중요한데, 무엇보다 아이의 마음을 잃지 말아야 한다.

에야 주인공이 죽는다는 걸 알 수 있지만, 기획자는 작품이 시작되기 전에 작가에게 "주인공은 죽어야 합니다."라고 방향을 제시한다. 기획자의 의견을 토대로 작가는 이야기를 구성하는 것이다. 그래서 나는 근무 시간의 대부분을 스토리 작가와 대화하는 데 쓴다. 그날의 날씨나 뉴스, 가십 같은 이야기부터 우리 책 주인공의 성장 과정과 세세한 감정선, 만화에 담을 정보는 적당한지에 이르기까지 함께 의논한다.

속된 말로 "기획자는 정자 제공자, 스토리 작가는 어머니, 그림 작가는 아버지"이고, "우린 이 주인공을 잘 키워 내야 한다."고 나는 늘 작가들에게 강조한다. 그렇게 만들어 낸 주인공이 말을 하고, 공부를 하고, 가끔 울기도 하고 싸우기도 한다. 세 명의 양육자들은 어느 때는 주인공과 함께 울면서, 어느 때는 대견해하면서 주인공을 조물조물 창조해 간다.

〈불의 검〉 빨리 보고 싶어서 잡지사 입사

나는 순정만화 잡지 기자로 출판계에 첫발을 디뎠다. 그 무렵 나는 김혜린의 〈불의 검〉이라는 만화의 열혈 독자였다. 그 만화를 연재하는 잡지사에 들어가서, 책으로 나오기 전 따끈따끈한 원고를 가장 먼저 보는 독자가 되고 싶어서 이력서를 냈다. 그리고 23 대 1의 경쟁률을 뚫고 그 잡지의 수습기자가 되었다.

작가의 체온이 고스란히 남아 있는 원고를 만날 기대감으로 매일매일 출근길이 즐거웠다. 실제로 원고(지금은 디지털화되어 잘 느낄 수 없지만)에는 작가의 작업실 냄새, 담배 냄새, 마감 때 즐겨 마시는 음료수 냄새 등이 배어 있게 마련이다. 잡지가 나오기 전에 좋아하는 만화의 첫 독자가 되리라는 부푼 꿈이 비로소 현실로 이루어질 참이었다.

그러나 내가 열렬히 좋아하던 그 만화는 일명 '쫑마감' 작품으로, 부산에 살던 작가의 원고가 고속버스 터미널에서 픽업되어 곧바로 인쇄소로 넘어간 뒤 그 자리에서 편집 작업을 끝내고 인쇄에 들어갔다. 신입 수습기자의 손에는 원고 끝자락도 스치지 않았다. 게다가 전국에 배본을 끝낸 뒤 잡지사로 들어왔기 때문에 오히려 입사 전보다 잡지를 늦게 보게 되면서 나는 시큰둥한 독자로 변하고 말았다. 그렇게 순정만화 잡지를 거치고 소년만화 잡지를 거쳐 나는 학습만화 편집자가 되었다.

열혈 독자 시절이 기획의 밑바탕

열렬히 좋아하던 일을 직업으로 가지는 것은 부러움의 대상이 될 수 있을지도 모른다. 난 만화를 좋아하는 열혈 독자였다. 정말 열심히

:: 원고의 시나리오와 콘티 그리고 완성된 만화의 교정물.

봤고 즐거워했다. 그러나 그것이 일이 되고 나니 어느 순간 취미로서의 즐거움보다는 판매량이나 독자 반응을 쫓고 있는 내 모습을 발견했다. 마음 한구석이 씁쓸하긴 하지만 이런 변화를 부끄럽게 생각한 적은 없다. 열혈 독자였던 그 시절이 밑바탕이 되어 베스트셀러를 기획할 수 있다고 생각한다.

내가 만화 잡지 편집자로 일할 때 한참 인기 있던 만화는 『드래곤볼』과 『슬램덩크』였다. 『드래곤볼』도 좋은 만화라고 생각하지만, 내 취향은 『슬램덩크』 쪽이다. 『슬램덩크』가 경쟁 잡지의 연재작인데도 경쟁지 분석이라는 미명 아래 나는 열혈 팬의 본색을 감추지 않았다. 작가의 일러스트집을 사고, 인터뷰도 읽고, 콘티가 나온 잡지며 후속작까지 빼놓지 않고 챙겼다. 잡지에 연재할 때는 주인공의 땀방울을 세기도 했다.(『슬램덩크』에서는 땀방울이 큰 의미를 갖는다. 잡지에 "이번 회 주인공의 땀방울은 몇 개일까요?"라는 독자 퀴즈가 나온 적도 있다.) 그러면서 언젠가는 나도 이런 만화를 만들어야 하는 꿈을 키웠다.

슬램덩크 · 인디아나 존스에서 아이디어 얻어

아이세움에 입사해서 처음 기획한 만화는 '보물찾기' 시리즈다. 주인공이 각 나라를 돌아다니면서 중요한 유물을 찾아내는 내용으로, 읽고 나면 그 나라의 문화와 역사·음식·언어 등에 대한 기초적인 이해가 생긴다. 현재 시리즈 전체가 국내외에서 700만 부가량 판매되었고 (2009년 기준), 새 책은 출간 즉시 베스트셀러 상위권에 오른다.

이 책의 주인공 '지팡이'는 영화 주인공 인디아나 존스를 본떠 만들었다. 주인공 팡이의 삼촌 '지구본' 박사도 존스처럼 유명한 고고학자이다. 먹는 걸 좋아하고 우직해서 존스만큼 날렵하고 영민하지는 않지만. 인디아나 존스를 무척 좋아하는 나는 꼭 인디아나 존스 시리즈 같은 만화를 만들고 싶었다. 그래서 인디아나 존스의 세 가지 성공 키워드인 '고고학, 모험, 사라진 보물'을 토대로 완전히 새로운 이야기를 구성하여, 각국을 돌아다니는 세계 탐험 만화 역사상식 시리즈를 기획하였다.

그 외에도 내가 기획한 베스트셀러가 많지만, 지금 내 맘에 콕 잡히는 것은 '내일은 실험왕' 시리즈다. 이 시리즈는 앞서 얘기했던 『슬램덩크』에 대한 오마주이다. 『슬램덩크』 같은 만화를 만들고 싶던 나는 그 작품에서 '라이벌, 성장, 사랑, 우정, 그리고 대결!'이라는 키워드를 잡아 본격 실험 대결 만화를 만들었다.

열정 가득한 주인공 '범우주'가 아무것도 모른 채 실험반에 들어가 실험 대결을 펼치면서 성장해 가는 모습을 다룬 이 만화는, 판매 성적도 아주 좋은데다가 개인적으로 주인공의 성장이 맘에 와 닿아서 양육일기를 쓰듯 진행하고 있다. 나는 '우주'가 어느 정도 성장해서 "아, 나

:: 베스트셀러가 된 '내일은 실험왕' 시리즈(왼쪽)는 만화 『슬램덩크』에서, '보물찾기' 시리즈(오른쪽)는 영화 『인디아나 존스』에서 영감을 얻었다. 이처럼 자기가 좋아하는 것을 전략적으로 잘 조합하면 훌륭한 기획이 나올 수 있다.

다시 도전할 거야!"라고 말하는 마지막 순간을 손꼽아 기다리고 있다. 하지만 여전히 책이 잘 팔리고 있으니 그 마지막 장면을 만나는 것은 아주 먼 미래가 될 예정이다.

작가는 동료이자 가족이자 '웬수'

만화를 전공하는 대학생들에게 특강을 한 적이 있다. 안타깝게도 순수 청년들은 설레는 데뷔의 꿈보다 암담한 취업 상황과 만화 시장의 불황에 먼저 눈을 뜨고 있었다.

"잘 팔리는 만화를 만들려면 어떻게 해야 돼요?"

그들이 너무 우울해 보였기 때문에 나는 이렇게 대답을 했다.

"좋아하는 것을 열심히 그리세요. 그리고 좋은 기획자를 만나세요."

물론 현실은 그렇게 단순하지 않다. 좋아하는 것을 열심히 그리기만 해서는 성공하기 어렵다. 그러나 앞에서 얘기했듯 좋아하는 것을 전략적으로 잘 조합하면 성공할 확률이 높아진다. 그들이 모두 작가로 데뷔해서 편집자와 작가로 다시 만날 수 있으면 좋겠다.

사실 만화 편집자와 작가는 끊으려야 끊을 수 없는 관계이다. 우리 회사의 경우 모든 만화가 컬러로 만들어지는데, 대부분의 작품이 단계별로 분화되어 있다. 스토리 작가의 시나리오 및 콘티, 그림 작가의 데생과 터치, 컬러 작가의 컬러링 작업. 각각의 단계를 거칠 때마다 담당 편집자가 일일이 점검한다. 이렇게 오랜 시간 함께하다 보니 작가들은 나의 동료이자 가족이다. 마감을 안 지킬 때는 죽이고 싶은 '웬수'이지만. 실제로 내가 고민이 있을 때 가장 많이 의논하고 조언을 얻는 사람은 스토리 작가들이다. 이미 10년을 그들과 함께 일했고, 앞으로 10년도 함께할 것 같은 생각이 든다.

이 일을 하면서 꽤 많은 자식(캐릭터)과, 가족(작가와 동료)이 생겼다. 가족이 원수로 보일 때는? 원수를 사랑하면 된다. 이 글을 쓰면서 생각하고 정리해 보니 어린이 만화 편집자라는 직업을 참 잘 선택한 것 같다. 기쁜걸!

'프로추어'의 감성으로

| 현상철 |

제주에서 나고 자랐다. 그곳은 따뜻했던지라 '차가운' 문화가 항상 궁금했고, 내친 김에 북국까지 감귤 판로를 개척해 볼까 싶어 러시아 문학을 전공했다. 생각이 자라면서는 차가움의 품속에도 깊은 뜨거움이 있다는 것을 절감하고 있다. 성균관대학교 출판부 편집자 6년차, 그 차가움과 뜨거움이 책을 만드는 힘이다. 투르게네프의 아찔하며 날카로운 그리움, 『첫사랑』을 번역하기도 했다.

고백하자면, 나는 '대학출판부 편집자'라는 명함을 내밀기 고민스러울 때가 있다. 새로운 필자를 만난다든가, 어떤 기관이나 단체, 혹은 개인에게 업무상 협조 요청을 해야 한다든가, 갓 나온 신간과 보도자료를 들고 '여산통신'(북릴리스 업체) 다마스를 얻어 타고 다니며 언론사에 '잠입'해야 할 때가 아니다. 나와 마찬가지로 책 만드는 편집자들을 만날 때다.

그들은 내게 묻는다. "대학출판부? 어떤 책을 만드시죠? 아, 교재!" "○○대학교라고요? 그럼, 아무개 교수님을 잘 아시겠네요? 저희 출판사에서도 책을 내셨는데……." 아니면 '잘 팔리는(?)' 교재의 수요나, 책과 상관없는 어느 교수의 인품 얘기로 잡담을 이어간다. 이럴 때, 내가 가진 대학출판부 편집자의 프로필과 활동 반경은 동종 업계 종사자들의 선입견을 고루 충족시킬 뿐이다.

말 나온 김에 2004년 여름 대학출판부 세미나에서 있었던 일을 떠올려 본다. 연사로 출판평론가 한 분이 초청되었다. 강연의 주제는 아마 '대학출판부의 미래와 나아갈 길'이었을 것이다. 연단에 올라선 평론가는 이렇게 운을 뗐다.

"어젯밤 한참 고민을 했습니다. 조선 시대를 살고 계신 분들을 앞에 모셔다 놓고, 어떤 출판의 미래를 이야기해야 할까 하고요. 퇴근 시간만을 기다리다 칼퇴근해도 꼬박꼬박 월급이 나오고, 사업장 망해 없어질 고민을 할 필요가 없는 분들께 무슨 출판 시장이니 트렌드니 하는 이야기를 해야 할까 하고요."

이런! 나를 포함한 청중들은 졸지에 '중세인'이 돼 버렸다. 변화에 둔감하며, 관습에 익숙하고, 체제에 순응하는. 한 출판 전문가의 '객관적' 시선에 포착된 대학출판부는, 2004년 봄 '첫 직장'으로 입사한 내게 이미 편안한 종착역이었다. '아, 정말 그렇단 말이지!'

그러나 잘라 말해서, 나는 신입생 호주머니 벗기는 교재만을 찍어내거나, 아무개 교수의 비단결 같은 인품에 매료되어 그의 실적 대행업에 나긋나긋 동참하거나, 해 뉘엿뉘엿 기울어지기만을 기다려 퇴근 버스에 올라 본 적은 없다. 이 책에서 여러 출판편집자들이 토로한 대로, 우리 '사업장' 역시 에누리 없는 전장(戰場)이다.

대학출판부의 문제인가 대학의 문제인가

그럼 일단은 '소심하게' 그 전장에 대한 아쉬움을 풀어 보는 것에서 시작하자.

책을 엮어 낸다는 기본 전제야 공유하겠지만, 출판사마다 편집자마다 콘텐츠를 바라보는 안목과 편집의 질서는 다를 것이다. 학술서나 인문서를 내는 출판사(편집자)와 순수 문학이나 여행서를 준비하는 출판사(편집자), 자기 계발이나 건강 분야의 실용서를 내는 출판사(편집자), 그리고 교재를 내는 출판사(편집자)의 콘텐츠 통찰력과 업무 관리의 방법·시기가 같을 수 없는 까닭이다.

그러나 적어도 한국에서 대학출판부의 편집자들은 이렇게 다르거나 전문화되어야 할 부분에 대해, 아직은 자유롭고 뚝심 있게 대처하고 있지 못한 것 같다. 내적으로 프로 의식이 부족하다거나 외적으로 변화에 둔감하다는 것이 그 원인은 아니다. 일차적으로 한국 대학의 문제점들을 고스란히 떠안고 있다는 것이 한국에서 대학출판부가 지닌 안타까운 위상의 근본적인 원인이다. 실적과 지표로 우주(universe)를 구상(-ity)하려는, 한국 대학(university)의 문제점은 누구나 다 안다. 그러니 '후진적'이라는 그 출판평론가의 평가는 출판부보다 한국의 대학에 먼저 꽂혀야 본질에 더 가까웠을 것이다.

그도 그럴 것이 우선 일 년 중 어느 한 시기에는 편집자가 옴짝달싹 못한다. '긴 호흡'을 가지고 굴러가던 기획의 맥이 뚝 멎는 순간이다. 이를테면, 대학 내의 한 부서인 까닭에 한 학기가 마무리되고 새로운 학기가 시작되는 시점에는 이유 없이 분주하다. 매년 1~3월, 가뜩이나 정리 습관과는 거리가 먼 내 책상은 교정지들로 포화 상태가 되어 있기 일쑤인데, 학년말 또는 신학기를 마감으로 반드시 마무리되거나 꼭 맞춰야 할 시한성 원고들이 '실적'이라는 배후를 달고 밀려든다.

지난겨울엔 반드시 '2월 28일 이전'으로 발행일을 판권에 새겨야 할 원고들이 족히 열 묶음이 넘었다. 정기적으로 발행되어야만 하는 네 권의 저널이 있었고, 두 연구소에서 진행되었던 학술서가 각각 두 권씩이었으며, 신학기를 맞아 개정되어 나와야 할 두툼한 기본서가 세 권, 개강일에 맞추어야 할 시리즈로 기획된 한국어 교재가 두 권 있었다. 가을 겨울 밤을 아껴 쓰면서 새로운 이슈를 전달하려던 인문서 두 권과 그동안 손댈 겨를조차 없던 케임브리지대학 출판부의 번역서 두 권은 자연스럽게 또 출간이 미뤄졌다. 기한에 대기 위해 공장을 풀가동해야 하는 납품업자의 심정으로 이렇게 1분기를 보내고 만다.

분열 상태에서 편집하기

그러나 사실 이런 물량에서 비롯되는 중압은 그리 큰 문제가 되지 않는다. 이 정도 압박이야 '체력만 된다면' 필드에서 구르는 아마추어 리즘만으로 꿋꿋하게 버텨 낼 수 있다. 정해진 기획에, 정해진 편집 포맷에, 정해진 제작 프로세스에 고스란히 원고를 올려놓기만 한다면, 소주 한잔을 꺾고도 출력소에서 온 전화에 응해 사용 서체의 이름을 정확하게 불러 주고 주말 하루는 인쇄소에서 인쇄기장과 점심 먹기를 작정만 한다면, 그리 큰 고민거리가 될 만한 게 아니다. 업종 분류로 보아 출판이 '제조업'이라는 것을 여실하게 감내하기만 하면 되는, 누군가의 표현처럼 샐러리맨으로서 감당해야 하는 '밥벌이의 지겨움' 그 정도다. 편집과 기획에서 '긴 호흡과 심층성'을 가장 뚜렷이 인식해야 할 대학 출판부에서 이렇게 일간지와 잡지 등 시한성 간행물을 다루는 편집자가 할 법한 고민을 해야 한다는 것이 조금 우습기는 하지만 말이다.

:: 대학출판부 편집자는 이색적인 콘셉트의 원고들을 동시에 진행할 때가 많다. 생명 과학에 관한 책(『생명 과학 강의노트』)과 초기 기독교 형성에 관한 책(『비잔티움 빛의 모자이크』)을 같은 호흡으로 살피기도 한다.

　　정작 문제는 원고와 원고를 놓고 필자와 벌이는 소통 과정 중에 편집자의 마음속에서 발생한다. 비틀어 표현해서 '운이 좋으면(?)', 대학출판부 편집자는 이색적인 콘셉트의 원고들을 동시에 진행할 때가 많다. 나의 경우엔, 생명 과학에 관한 원고(생명 과학 개론서)와 초기 기독교 형성에 관한 원고(종교 사상사)들을 같은 호흡으로 살폈던 때가 있었고, 형법에 관한 기본 학습서를 편집하면서 자본주의화 이후 중국 예술 영화 세계의 변화를 다룬 책을 제작했던 때가 있었다. 러시아어 교재를 편집하면서 영어 작문과 영어 발표 교재, 거기다 한국어 교재를 비슷한 일정에 소화했던 적도 있었다. 동아시아 근대 사상사와 관련된 원고와 서양 중세사를 다룬 번역서를 함께 진행했던 것은 우스개다. 언뜻 보아도, 시스템이 정상이라면 같은 시기에 같은 생산 라인(편집자)을 탈 콘텐츠들이 아니었던 것이다.

빠른 주기로 책상을 장악하는 원고의 콘셉트들이 바뀐다는 것, 그 것은 편집을 업으로 하는 사람에게 정신적 분열을 강요하는 것일지 모 른다. 예를 들어, 월요일엔 한글 자모가, 화요일엔 영어 알파벳이, 수요 일엔 러시아어 알파벳이 박힌 교정지가 책상 위에 올라온다고 생각해 보자. 목요일 즈음엔 어떤 문자이건 그저 하얀 종이 위에 흐르는 외계 어일 뿐이다. 이럴 경우 웬만한 비위 아니고서는 '편집'의 중심을 놓 치기 십상이다. 또 하루는 자연 과학자와 '팩트'로 조합된 이야기만을 주고받다가 다음 날은 종교 철학자와 성스러움에 대해 '상징과 비유' 로 가득 찬 대화를 나누고, 탈근대적 시각으로 동아시아를 접수하다가 어느 순간 서구의 중세적 자율을 목도하게 될 때, 왕성한 호기심과 집 중력 없이는 '편집의 미로'에서 길을 잃기 십상이다.

대학(university)에서, 정확히는 대학출판부(university press)에서 벌어지는 일이라서 그런 것일까. 사태는 이미 '통섭적' 환경이다. 편집 이라는 것이 한 책 안에 한 호흡으로 하나의 콘텐츠 질서를 공표하는 것 이라고 할 때, 편집자에겐 도저함의 극단을 오가며 그 중심을 잡는 일이 우선 요구되는 것이다. 분열 상태에서도 편집하기, 그래서 재밌다!

르네상스인의 각오를 품은 중세적 장인

이렇게 일은 반드시 해내야만 하고, 아마 다른 출판사에서는 겪어 보기 힘든 일일 것이기에 도리어 해 봄직하다. 이것이 시대를 거스르 는, 대학출판부의 중세적 단면이라고 한다면, 논리적으로 반론할 건더 기는 없다. 자연스럽게 나는 '중세를 사는 르네상스인'이 되어야 했다.

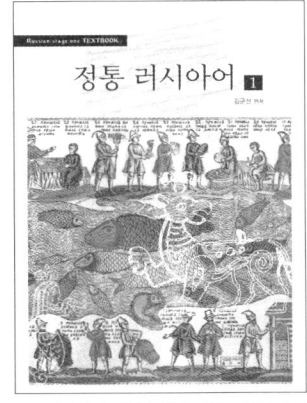
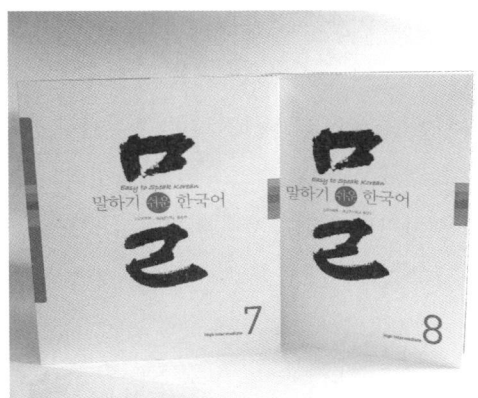

:: 편집자가 '일당백'을 하는 상황이기 때문에 러시아어(『정통 러시아어』)와 한국어(『말하기 쉬운 한국어』)를 하나의 시점으로 재편성해 보는 흔치 않은 경험도 할 수 있었다.

아마추어의 왕성한 근력 토대 위에 스페셜리스트의 근성이 필요했다.

　그러므로 질적으로 동시에 진행되기 어려운 원고들을 양손에 쥐고 뛰는, 예기치 못하므로 박진감 넘치는 삶의 사태는 언제나 '행운'이었다. 그리고 그 속에는 편집자를 단련시키는, 언제나 즐거운 고민거리들이 함께했다. 그 고민들을 돌파하는 과정에서, 21세기의 생명 윤리에 관한 내 나름의 가이드라인을 만들지 않고서는 생명 과학자와 기독교 사상 연구자를 같은 눈높이에 두고 대화를 이끌어 갈 수 없었을 것이고, 영화를 좋아하는 형법학자를 만나지 못했다면 예술이 첨단이며 법은 언제나 후위라는 흥미로운 정리를 사실적으로 재확인할 수도 없었을 것이며, 개강이라는 출발의 제약 없이 그 시작이 제각각이었다면 러시아어·영어·한국어의 문법을 하나의 시점으로 재편성해 볼 기회도 없었을 것이다.(아, 우연하게도 러시아어는 대학 때 내 전공이다.) 시쳇말로 일당백을 해야 하는 환경 밖에서는 마주칠 일이 없는 경우들이었다.

　한국에서 대학은 여전히 구상하고 있지 않은 것 같은데, 대학출판부만큼은 이제 '긴 호흡'을 준비 중이다. 단박에 옥스퍼드나 케임브리지 출판부에 필적하겠노라는 당찬 각오를 피력하려는 게 아니다. 앞서 늘어놓았듯이 그것은 여전히 우리에게 지구 반 바퀴만큼은 떨어져 있는 망상에 가깝다. 그러나 도리어 현실적인 환경이 강요하던 통합적 압박은 아마추어 편집자에겐 더욱이 중요한 오리엔테이션이었고, 이제는 확장된 폐활량으로 독특한 통섭의 문맥을 조각할 시점이다.

그래서 나에게 대학출판부 편집자로서 나아갈 길을 묻는다면, 차라리 과거부터 되짚는다. 박물관 수장고를 열고 먼지 덮인 묵적(墨跡: 먹으로 쓴 흔적)에 대기 중 20퍼센트면 족한 산소를 공급하고, 상업 환경에 휩싸인 출판 트렌드에 목을 매는 대신, 감각적인 비주얼 하나 없이 깨알 같은 활자들로 구성된 판면에서도 다차원의 육감적 메시지들을 호출해 내던 '일차원적' 필자들에게 주목하겠다. 대학(大學)엔, 아니 세상(世上)엔 의외로 시공을 초월한 우주(universe)적 인간들과 텍스트들이 많다.

그래서 다시 나에게 너의 정체가 무엇이냐고 묻는다면 이렇게 대답하겠다. "나? 르네상스인의 각오를 품고, 21세기일망정 중세적 장인으로 살아!"

4장

더 넓은 출판편집자의 세계

출판기획자로 살아가는
세 가지 삶

| 이홍 |

혜진서관에서 시작하여 더난출판까지 편집자 시절을 보내다 웅진과 결합하여 임프린트인 리더스북을 세워 꾸리고 있다. 지은 책으로 『만만한 출판기획』(한국출판마케팅연구소)이 있으며, 한겨레교육문화센터와 서울 북인스티튜트에서 기획 및 편집 관련 강의를 하고 있다.

한 일꾼이 있었다. 아주 일을 잘하고 부지런해서 다른 일꾼들의 시샘을 받을 정도였다. 주인으로부터 인정도 받아서 큰 걱정 없이 살 수 있었다. 그러던 어느 날, 주인이 일꾼을 불러 이렇게 말했다.

"산 너머에 버려진 돌밭이 하나 있는데 버려두기 너무 아까우니 자네가 힘써 일을 좀 해야겠네."

"네, 무슨 일이든 시켜만 주십시오. 그런데 그 밭에 가서 무슨 일을 하면 되겠습니까?"

"그 밭에는 돌이 너무 많아. 그런데 큰 돌은 여러 가지로 쓸모가 있을 터이니 밭에 있는 돌 중에서 큰 돌과 작은 돌을 구분해 모아 두었으면 좋겠네."

해가 저물었지만 일꾼은 돌아오질 않았다. 그렇게 밤이 지나고 아침이 되었지만 역시 일꾼은 집으로 돌아오지 않았다. 걱정이 된 주인은 아침 먹을 생각도 하지 않고 산 너머 돌밭에 나가 보았다. 그런데 일꾼이 주저앉아 엉엉 울고 있는 게 아닌가.

"아니, 자네 도대체 밤새도록 여기서 뭘 하고 있었던 겐가?"

"무슨 일이든 다 시켜도 좋습니다. 그러니 제발 큰 돌과 작은 돌을 구분하는 일만큼은 시키지 말아 주십시오. 무엇이 큰 돌이고 무엇이 작은 돌인지 알 수가 없습니다."

큰 돌과 작은 돌을 구분하는 사람

밭에 있는 돌을 다 치우라는 지시를 받았다면 일꾼은 능히 일을 끝내고 집으로 돌아갔을 것이다. 그런데 작은 돌과 큰 돌을 구분해 따로 모아 두라는 말에는 제대로 일도 하지 못하고 주저앉아 엉엉 울기만 했다. 그게 그렇게 힘들고 고통스러운 일이었을까? 여러분이 이 일꾼의 입장이었다면 어떤 방법으로 상황에 대처했겠는가?

참 단순해 보이지만 깊은 통찰력과 지혜를 필요로 하는 것이 돌을 큰 것과 작은 것으로 구분하는 일이다. 여기에는 어떤 기준도, 정답도 존재하지 않는다. 그러므로 모든 게 정답일 수 있지만, 아무리 열심히 해도 오답의 함정에서 벗어나기 어려울 수도 있다. 출판기획자는 이처럼 너무 간단해 보이지만 쉽게 답을 내릴 수 없는 일을 하는 사람이다.

크다는 것과 작다는 것은 세상의 이치가 만들어 놓은 일반적인 허상의 개념이다. 출판기획자의 판단과 선택 과정이 힘들기도 하지만 힘든 만큼 탁월한 성과를 안겨 주지 못하는 것도 이 때문이다. 절대적 가치의 기준이 없는 상황에서 절대적 가치 기준에 부합하는 무엇을 찾아야 하는 것이다. 그런데 우리에게 그 어떤 지혜가 있어 이 일이 가능할까? 큰 돌과 작은 돌을 가려내는 기준을 가지지 못한다면, 그리고 그 일에 도전하지 못한다면 출판기획자로서 살아갈 수 없다. 그냥 주저앉아 엉엉 울게 될지도 모른다.

출판기획자를 둘러싸고 있는 모든 환경이 '돌밭'이다. 이 돌밭에는 주인이 따로 있는 것이 아니다. 그러니 큰 돌과 작은 돌을 구분하라는 지시를 내리는 사람도 없다. 일꾼처럼 엉엉 울고 있다고 해서 찾아와 이유를 물어 줄 사람도 없으니, 그만큼 고독하고 외로울 수밖에 없을 것이다. 기획이란 멋지고 화려한 작업이 아니라 이처럼 큰 돌과 작은 돌을 가려내기 위해 돌밭을 헤매야 하는 고단한 작업이 아닐까?

장대높이뛰기를 잘하는 사람

한 가지 재주만으로 잘 먹고 잘살 수 있었으면 좋겠는데 세상은 그리 녹록하지 않다. 한때 날았다 하면 세계 기록을 갈아 치우곤 하던 러시아의 장대높이뛰기 선수 이신바예바는 한 인터뷰에서 이렇게 말했다.

"그렇게 높이 날아오르는 비결을 한 가지만 말해 주신다면 무엇일까요?"

"높이 날아오르기 전에 잘 달려야 하죠."

"그럼 남들보다 빨리 달리는 게 비결인가요?"

"장대와 궁합도 맞아야 해요. 장대와 궁합이 맞지 않으면 아무리 잘 달려왔어도 소용이 없죠."

"잘 달리고 장대와 호흡을 잘 맞춘 게 놀라운 기록의 비결이군요?"

"더 높이 날겠다는 목표가 중요하죠. 목표에 미치지 못할 때가 많지만, 목표가 높으면 더 높이 날 수 있어요."

올림픽에서 금메달을 따고 세계 기록을 식은 죽 먹듯이 갈아 치우는 선수의 말이니 의심할 필요는 없을 것이다. 우리는 장대를 짚고 오르는 선수가 바를 아슬아슬하게 비껴 넘는 장면에만 주목한다. 놀라고 감탄하기도 하지만, 아쉽게 바에 걸리면 비통한 탄식을 지르기도 한다. 그런데 정말 바를 넘는 재주만 좋으면 훌륭한 선수가 되는 것일까? 이 신바예바 선수의 인터뷰 내용을 들어 보니 그런 것도 아닌 모양이다.

발이 빠르다는 것은 장대를 짚고 높이 솟아오르는 도약력에 영향을 주는 만큼 매우 중요한 문제다. 출판기획자에게는 '추진력'이 그에 해당할 것이다. 책 만드는 사람들은 굼뜨다는 말을 흔히 듣는데, 그래서는 안 된다. 그렇다고 추진력이라는 게 단순히 부지런하다는 의미는 아닐 것이다. 단순한 부지런함이란 앞에서 말한 일꾼의 기계적인 성실함과 유사할 테니까. 명확한 방향성과 의식으로 무장하되 거침없이 내달릴 줄 알아야 한다는 것이다.

장대의 도움은 필수다. 추진력을 이용해 위로 솟구치는 데 결정적인 구실을 하기 때문이다. 역시 세상일은 혼자서 다 할 수는 없다. 출판기획자에게는 반드시 장대의 역할을 해 줄 수 있는 그 무엇이 있어야 하고, 그 무엇을 얻을 수 있는 일을 게을리해서는 안 된다. 지식과 정보라는 장대가 필요하면 그것을 배우고 익혀야 한다. 사람이라는 장대가 필요하면 삼고초려를 해서라도 원하는 인물을 자기 사람으로 만들어야 한다.

하지만 뭐니 뭐니 해도 역시 바를 잘 넘어야 한다. 잘 달려왔고 튼튼한 장대의 도움을 받았다고 해도, 마지막 순간에 바를 넘지 못하면 모든 일을 그르치고 말 테니까. 출판기획자에 대한 세상의 평가도 이 순간에 나온다. 그런데 문제는 정작 바를 넘은 다음부터 시작된다. 그 상태에 머물 수 없으며, 다음에는 넘어야 하는 기준 기록이 올라간다는 것이다.

오르고 나면 내려와야 하는 등산처럼 바를 넘는 순간이 성공과 추락이 교차하는 지점이다. 더군다나 늘 같은 높이를 실패하지 않고 넘어야 하는 것도 어려운데, 세상은 더 높은 바를 넘길 요구한다. 한 달 전 또는 어제 넘었던 바의 높이는 이제 목표가 될 수 없다. 하나의 목표를 뛰어넘으면 또 다른 목표를 향해 몸 날리기를 반복해야 하는 것이다. 참으로 기가 막힌 일이 아닐 수 없다. 도대체 그 끝은 어디일까? 과연 끝이 있기나 한 걸까? 말이 좋아 기획이지, 출판기획자에게 그것은 반복적 생산을 위한 고혈 짜기의 집요함과 별 다를 바 없는 일상의 강요이기도 하다. 날로 더 높은 바를 넘어야 하는 장대높이뛰기 선수처럼 말이다.

이런 상황에서 살아남는 방법은 한 가지밖에 없다. 즐겨야 한다는 것이다. 달려가는 과정을 즐겨야 하고, 장대에 몸을 싣는 것을 즐겨야 하고, 바를 넘는 순간을 즐겨야 하고, 성공 뒤의 자유 낙하를 즐겨야 한다. 무엇보다 더 좋은 책을 만들어야 한다는 목표를 즐기지 않으면 안 된다. 즐기지 못하는 출판기획자가 오래 살아남은 경우는 거의 없다. 한 가지만 덧붙이자면, 즐기는 것에는 실패의 경우도 포함된다. 실패를 즐기라는 것은 실패를 반복하라는 것과 다르다. 즐겨야 실패의 원인을 찾을 수 있다는 것이다. 당신은 지금 즐기고 있는가?

시적 상상력을 갖춘 사람

이 세상에서 가장 부러운 사람이 누구냐고 묻는다면? 아마 돈이 가장 많은 사람이라고 해야 제정신일 것이다. 요즘 세상에는 말이다. 하지만 '시를 잘 쓰는 사람'이라고 대답한다면 어떨까? 아무래도 비웃음이 날아들지 싶다. 뭐, 제정신이 아니어도 좋다. 내 생각엔 시를 잘 쓰는 것처럼 이 세상 살아가면서 든든한 재산을 가진 사람은 거의 없을 듯하다.

시, 그리고 그 속에 담겨 있는 시어(詩語)는, 이 세상과 살아 숨 쉬고 있는 인간들에 대한 인식과 해석의 종합편이라고 말할 수 있다. 출판기획 역시 인간의 역사와 삶에 대한 해석이 동반되지 않으면 불가능한 일이다. 책은 사람이 만들고, 사람이 읽는다. 그러므로 사람과 분리할 수 없다. 사람이란 하나하나의 개별적 존재일 수도 있지만, 세상 그 자체를 표현하는 무한한 덩어리일 수도 있다. 그게 무엇이 되었건 출판기획자는 사람을 읽고 사람과 이야기하고 사람을 그리는 최전선에 있다. 최전선에서 사람을 만나 부대껴야 하는 경우라면 당연히 그들에 대한 면밀한 해석이 필요할 것이다. 시적 상상력을 가진 사람이 되는 게 바로 그것이다. 너무 어려운가?

난해한 시어들로 가득한 시를 읽으면 뭔가 정리되는 느낌이 아니라 오히려 산만하다는 생각을 하게 된다. 시적 상상력이라는 게 무척 특별한 것이고, 뭔가 차별적인 언어로 채워져야 한다고 생각하기 때문이다. 그런데 마음을 움직이는 좋은 시를 보면 거기에는 우리가 흔히 쓰고 만나는 단어들이 있을 뿐이다. 그런데도 전혀 다른 느낌을 준다. 이것이 바로 출판기획자가 가져야 할 상상력이다.

:: 마음을 움직이는 좋은 시를 읽자. 출판기획자에게는 시적 상상력이 필요하다. 눈이 멀고 가슴이 황폐해지는 순간 출판기획자는 죽은 것이나 마찬가지다.

출판기획자에게 필요한 상상력은 존재하지 않는 그 무엇을 발견하는 것이 아니라 아주 가까이 있지만 절실했던 염원을 드러나게 하는 것이다. 정말 중요한 것은 바로 곁에 있다는 평범한 진리를 되새겨 주는 것이라고도 할 수 있다. 그러므로 출판기획자의 삶이란 그리 특별한 것이 아니다. 특별할 수도 없다. 하지만 그들의 시선은 늘 날카로워야 하고 그들의 감정은 충동으로 넘쳐흘러야 한다. 그래야 일상적이고 평범한 것 속에서 놀라운 상상력의 날개를 키울 수 있을 테니까.

출판기획자에게 죽음과도 같은 것은 현실 속에 숨겨져 있는 꿈을 발견하지 못하는 상황이다. 눈이 어두워지고 가슴이 황폐해지면 이런 현상이 자신을 덮치게 된다. 많은 기획자들은 경력으로 축적한 노련함이 이런 문제를 해결해 주리라 믿곤 한다. 하지만 그건 잘못된 생각일지도 모른다. 한번 시든 꽃이 다시 피어나는 것은 기적이 일어날 때나

가능하다. 사람의 눈과 가슴은 꽃보다 더 화려하지만, 그만큼 예민하고 상처 입기 쉽다. 그러므로 처음부터 눈이 멀지 않고 가슴이 황폐해지지 않도록 평소에 끊임없이 노력을 해야 한다. 무엇이 그러한 삶을 가능하게 할까?

'책'에만 묶여 있는 사람은 좋은 기획자가 될 수 없다. 그 책이 '일'이 되어서 제 눈을 멀게 하고 뛰는 가슴을 멈춰 서게 할 수 있기 때문이다. 눈이 멀지 않고 가슴이 계속 뛰게 하려면, 그래서 놀라운 시적 상상력을 샘솟게 하기 위해서는 역시 우리 삶의 중심에 '사람'이 존재해야 하는 것이다. 사람이야말로 시적 상상력의 원천이자 대상이기 때문이다. 이처럼 우리가 '사람'에 집중할 수 있다면 그 다음 문제들은 의외로 간단히 해결할 수 있다. 우리가 일을 하면서 만나는 사람과 부딪쳐 생기는 숱한 문제의 해결책은 바로 그 사람들이 가지고 있기 때문이다. 출판기획자는 그 사람들을 활용하면 된다. 어떤가, 출판기획자야말로 사람이라는 존재와 친해야 하는 아주 인간다운 자리에 있지 않은가?

훌륭한 편집은
그 자체로 기획이다

| 차익종 |

도서출판 한울과 미래엠앤비(현 미래인) 출판사에서 기획실장으로 일했고, 지금은 아카넷 출판사의 기획위원
이다. 대학원에서 국어학을 연구 중이다. 옮긴 책으로 『블랙스완』(동녘), 『아주 특별한 책들의 이력서』(르네상
스), 『알리, 아메리카를 쏘다』(당대) 등이 있으며, 몇몇 편집자들과 함께 〈소리 내어 고전 읽는 모임〉을 운영
하고 있다.

기획자의 영문 직함은 어떻게 될까? 지금 내 명함에는
'advisor'로 되어 있다. 객원 기획위원이라는 위치를 고려하여 이렇게
박아 넣었지만, 앞으로 관여하는 정도가 커지면 'advisory editor'로 바
꿀 생각이다. 그런가 하면 구미의 출판사에서 원고 접수와 판단을 맡은
담당자들은 'acquisition editor'라고 스스로를 소개하곤 한다. 한나 아
렌트가 박사 과정을 마치고 잠시 출판사에서 일했을 때 맡은 직무가 바
로 이것이었다. 한편 출판 이론서에서는 편집자(editor)와 구별되는 기
획자를 'planning editor'라고 부르기도 한다.

이런 용어들은 결국 기획이라는 것도 편집에서 분화되었음을 짐작
케 한다. 이것이 출판 여건의 변화 때문임은 말할 필요도 없겠다. 잠시
시간을 거슬러 올라가자. 훈민정음의 창제는 15세기 출판물의 '폭발'

을 낳았는데, 이 시기 우리 출판물들은 세계적으로도 유래가 없을 만큼 오자나 탈자가 적은 편이다. 당시 발간물이 대부분 불교나 유학에 관한 것이었고, 집필과 간인(刊印)도 큰 사찰이나 중앙 정부에서 관장했기 때문이다. 일종의 주문 생산이었던 만큼 가장 중요한 것은 문장과 제작 상태의 정확함이었다. 집필자(주로 언해자)와 필사자(筆寫者)의 선정 은 아주 까다롭기 짝이 없었으며, 오늘날의 본문 편집자라 할 검서관 (檢書官)은 오자나 탈자가 한 번 발생할 때마다 태형을 당하고, 이것이 거듭되면 감봉은 물론 삭탈관직까지 당한다는 가혹한 규정이 존재할 정도였다. 그러다가 조선 후기에 와서 지방 정부나 서원의 발간물이 늘 고 상업적 출판물인 방각본이 활발히 유통되면서 책의 교열과 교정 상 태는 이전보다 오히려 떨어지게 된다. 제작 자금이 풍부히 확보되지 못 하였거나, 대중 독자를 염두에 둔 시장 생산의 성격을 띠었기 때문에 책의 완성도를 따질 겨를이 없었던 것이니, 전통적인 교정·교열 작업 이 편집의 중심적 지위를 잃어간 것이다.

급속한 환경 변화를 겪는 오늘날 우리 출판의 모습도 이런 추세와 통한다고 하면 지나칠까? 편집 '일정'을 강조하며 웬만한 작업은 외주 를 맡기고, 기획전담자가 생기고, 기획자들이 다시 조직을 이뤄 일하는 모습은 그만큼 시장의 요구에 부응해야만 살아남기 때문이다.

편집자, 그대는 이미 기획자

변화에는 그늘이 있다. 엊그제도 이런 푸념을 들었다.

"좀 더 깊이 있고 수준 높은 역할을 하고 싶은데 경력 적은 초심자라고 싼 비용으로 문장 다듬기만 시키고 있습니다.(나는 언제야 기획자 노릇을 맡을 수 있는지, 휴……)"

"본문 작업만큼 희열과 보람을 느끼는 일이 없는데 왜 자꾸 기획 마인드를 가지라고 하는지 피곤합니다.(나는 기획자가 아닌데, 그냥 편집자가 좋은데…….)"

이런 말을 들을 때마다 내가 하는 말이 있다.

"아니, 지금 이미 기획을 하고 있는 것 아닌가요? 편집도 기획의 일부고, 기획도 편집의 일부 아닌가요?"

기획과 편집의 분화 양상은 출판사마다 또는 팀마다 다르기 때문에 일률적으로 말할 수 없다. 다만 필자의 적은 경험으로 보면 현재 우리 출판계에서 기획자의 역할은 넓게 잡아 대략 다음과 같다.

- 출판사의 출간 방향(철학)을 고려한 출판 리스트의 구상
- 저자의 발굴과 섭외
- 원고의 방향, 스타일, 체제 등 집필 과정에 대한 조언 혹은 지원
- 접수된 원고의 검토, 출간 결정, 원고 보완 제안, 부속 원고와 자료의 제안
- 편집 의뢰
- 출간 방향에 맞는 표지, 형태의 점검
- 홍보 계획과 진행
- 마케팅 지원
- 저자의 후속 저작물 논의

간단히 말해서 기획의 역할은 출판사의 방향에 따라 책을 발굴해내고 이를 그 시대 문맥에 맞게 자리 잡도록 하는 일이다. 첫 단계는 출간 방향에서 시작되고, 이 출간 방향이 원고에 출판사 나름의 의미를

부여하여 일정한 독자층(시장성)을 겨냥하게 만들며, 책에도 거기에 걸맞은 미적 감각과 물질적 형태를 부여한다.

그렇다면 편집 공정 속에 기획이 있다는 것은 무슨 뜻일까? 기획자가 편집자에게 가장 기대하는 역량은 다음과 같다.

첫째, 원고의 적절성과 완성도를 판단하는 힘이다. 적절성이란 원고가 출간 발향(기획 방향)에 맞게 작성되었는지를 말한다. 그 자체가 완벽한 원고라도 출판사가 지향하는 바와 걸맞지 않으면 깨끗이 손을 드는 것이 낫다. 원고의 완성도는 통상적인 출판 계약 조항 그대로, 원고가 '필요하고도 완전한' 것인지를 말한다. 구성에 문제는 없는지, 군더더기는 없는지, 보완되어야 할 부분은 없는지, 문체는 원고 성격에 맞는지, 문장의 완성도는 충분한지, 도판을 비롯한 자료가 더 필요하지는 않은지 등등.

이런 일들은 물론 기획자가 일차적으로 책임을 질 수도 있다. 그러나 아무리 빼어난 기획자도 원고의 적절성과 완성도에 대한 판단에서는 편집자의 도움을 받기 원한다. 왜? 무엇보다 원고를 정밀하게 읽는 사람이 편집자이기 때문이다. 대체로 기획자는 원고를 정밀하게 읽기 힘들다. 그런 역량이 충분하다고 하더라도 처음 기획할 당시의 인상이 강하게 남아 있기 때문에 객관적 시각을 견지하기 어렵다. 출간이 끝난 책을 편집자들이 다시 들여다보기 어려워하는 것과도 비슷하다. 그래서 기획자로서 가장 긴장되는 순간은 경영자, 영업자 등까지 모두 참여하는 '회의'가 아니다. 이만하면 되었겠다고 판단한 원고를 편집자에게 넘기고 반응을 기다리는 순간이다.

원고를 정밀하게 읽는 사람이 곧 책의 전 과정을 장악한다. 거꾸로 말하자면, 편집자에게 가장 요구되는 역량은 원고를 정밀하게 읽어내는 역량이다. 이 역량이 탄탄하면 기획을 끌고 가는 편집이 될 수도 있다. 고전을 읽으라는 것도, 시대 동향에 관심을 가지며 소양을 키우라는 것도, 이를 위해서일뿐이다.

둘째, 교정·교열 및 제작, 보도자료 작성 과정에서 출간 방향과 기획 의도를 관철시키는 역량이다. 문장의 맥락, 문장 구조까지 수정해야 하는 교열의 경우 판단할 것은 원고의 '문체'를 어떻게 살려갈 것인가 하는 점이다.

중국문화사 분야의 베스트셀러를 번역 출간한 적이 있었다. 이 책은 내용도 내용이지만 유려한 문체로 국내 독자의 사랑을 받았는데, 번역자의 높은 식견과 탁월한 번역 능력에 크게 힘입었다. 저자의 다음 책도 이 번역자와 작업하게 되었는데, 편집자의 교정지를 보고 잠시 망연자실한 적이 있었다. 그동안 원저자는 중국 내에서도 인문학적 깊이뿐 아니라 유려한 문체로 이름이 높았고, 번역자는 이런 문체를 잘 살려 한문 투 표현도 적절히 구사하여 중국 고전을 읽는 듯한 즐거움을 독자에게 선사하였다. 그런데 같은 저자, 같은 번역자의 다음 원고를 우리 편집자는 국어 표준 문체에 철두철미한 나머지 상당수의 한자어를 고유어로 바꾸고, 문장도 짧게 잘라내는, 의욕을 보였다. 이것은 교열이라기보다는 문체를 지나치게 변경한 것이다. 결국 편집 일정과 출간을 늦출 수밖에 없었다.

문체 이야기를 더 하자면, 우리 시대 편집의 고민은 '한국어다운 문장이란 무엇인가'라고 할 수 있겠다. 가령 "철수가 동생이 손이 왼손이 손등이 아프다."라든가 "철수가 꽃을 장미꽃을 영희를 주었다."라는 문장을 실제 언어생활에서는 얼마든지 구사하면서도 굳이 "철수 동생이 왼손 손등을 다쳤다."라든가 "철수가 영희한테 장미꽃을 주었다."라고 고쳐야 할까?(앞 문장과 뒤 문장은 절대로 같은 문장이 아니라고 주장하는 국어학자들도 적지 않다.) 반대로 "익명에의 열정", "사회학으로의 초대"와 같은 표현은 구어체에서는 절대 접할 수 없는데도 출판물에는 빈번하게, 적극적으로 사용된다. 또 "책 한 권, 사과 한 개, 눈물 한 방울"이 자연스러운데, 언제부터인지 우리 출판물에는 "한 권의 책, 한 개의 사과, 한 방울의 눈물"이 마치 당연한 듯 자리를 차지하고 있다. 이런 문제의 해결은 결국 누구의 몫인가? 편집자의 몫이다.

정서법이 각별히 중요할 때도 있다. 내가 처음 상근하던 출판사는 사회과학 전문 학술출판사였는데, 존경받는 노(老) 사회사학자의 원고를 감격스럽게 받아 출간 일정에 올려놓았다. 당시 편집자는 성실하고 역량 있는 분이었는데도 정서법 문제로 필자와 통화하면서 곤욕을 치러야 했다. 말씀인즉, 현행 한글 맞춤법은 매우 불합리할 뿐 아니라 특정 방언 화자들의 입김만 작용했기 때문에 결코 동의해 줄 수가 없다는 것이었다. 이 일화는 '교정자=맞춤법 귀신'이라는 통념의 한계를 말해 준다. 기획자는 교정 원칙을 달달 외는 편집자를 바라지 않는다. 오히려 어째서 그런 규정이 채택이 된 것인지, 더 나아가 거기에는 어떤 문제가 있는지 설명할 수 있는 사람을 원한다. 왜 "젓가락"은 ㅅ 받침이고 "숟가락"은 ㄷ 받침인지, 거기에는 어떤 문제점이 있는지, 예전에는 한 종류의 사전만 제외하고는 특별히 등제된 단어가 아니면 '북어국'과 같이 표기하고 발음을 〔-꾹〕으로 제시해 주었는데, 왜 1989년도 개정안부터는 '북엇국, 근댓국' 식으로 표기하는지 의문을 품는 사람 말이다. 이런 편집자들이야말로 저자를 이끌고 갈 수 있지 않을까?

잘 편집한 책 한 권이 다음 책을 기획한다

얼마 전 사회과학 분야의 한 1인 출판사가 유망한 한국정치 연구자의 좋은 정치 평론 원고를 확보했다. 제안 메일을 보내자마자 곧바로 수락과 함께 고맙다는 편지를 받았단다. 이유는 간단했다. 그 저자가 국내 유명 출판사들과 책을 낸 적이 있는데 원고에 대해서 편집자와 "말이 통하지 않을 뿐 아니라 오탈자가 너무 많더라."는 것. 이 출판사에서 기획자 노릇은 바로 기간 도서를 편집한 편집자가 한 셈이다. 책 한 권이 다음 책을 기획한다는 말이 바로 이를 가리킨다고나 하겠다.

하버마스가 평생 거의 한 출판사에서 책을 발간해 왔는데 그 이유는 담당 편집자 때문이라는 '뒷얘기'가 있다. 그것이 사실인지, 어떤 사정이 있는지 정말 궁금하다.

기획자 저자 편집자의 협주가 만든 '걷기 여행' 시리즈

내가 진행했던 기획 중 '소심하고 겁 많고 까탈스러운 여자 혼자 떠나는 걷기 여행'(1~4) 시리즈를 되돌아보면서 매듭을 짓기로 하자. 이 시리즈는 꼭 베스트셀러라고 할 수는 없지만 걷기 여행 바람을 일으키는 데 일조했다고 자평한다. 그중에서도 제2권은 특히 스페인 산티아고 붐을 일군 책이다. 외형적으론 여행서, 실용서지만 나는 (그리고 우리 편집자들은) 이 시리즈를 단순한 여행서가 아니라 '걷기'로 상징되는 새로운 삶의 방식을 제안하는 발언이자 이야기로 추진했다.

처음 저자를 알게 된 것은 저자가 혼자서 국토 종단 걷기 여행을 하며 「오마이뉴스」에 올린 연재 기사를 발견하면서였다. 당시 나는 학술물에 전념하고 있었기 때문에 이 책을 만들겠다고 나설 처지가 아닌 탓에, 출판인보다는 열렬한 누리꾼으로서 공감하는 데에 그쳐야 했다. 그러다가 이듬해 다른 출판사로 자리를 옮겨 교양물을 추진하게 되자 곧바로 접촉을 시도했다. 당시 장기 해외여행 중이던 저자에게 "소비적 관광이 지배하는 문화에서 성찰적 걷기 문화를 제안하는 책으로 발간하자."는 메일을 보냈다.(당시 나의 메일명도 'walkingman'이었으니…….) 저자는 조심스러운 (탐색?) 편지를 몇 번 보내오더니 몇 달 후 귀국한 자리에서 출간을 승낙했다. 이때만 해도 책이 판매 면에서 성공하리라고는 크게 기대하지 않았다. 당시 여행서의 주류는 계몽 담론이 강한 한비야 씨의 글이나, 배낭여행 체험기 등이었던 데 반해, 이 원고는 자기주장을 감출 뿐 아니라, 풍물에 대한 객관적 묘사에만 몰입하지 않는 대신 스스로의 느낌에 주력하는, 여백이 강한 글이었다. 때문에 나는 이 책을 대안적 여행서로 자리매김하되, 독자층을 30대 여성에 맞춰야 저자의 철학이나 책의 차별성을 부각시킬 수 있을 것이라고 생각했다. 물론 저자에게는 이미 여러 대형 출판사들로부터 출간 제안이 들어온 상태였다. 대부분이 여행정보서, 여행안내서, 여행체험기로 잘 꾸며 보겠다는 제안이었다고 나는 기억한다.

저자는 결국 사실상 '무명'에 가까운 출판사를 선택했다. 출간의 의미와 방향 부여에서 나의 진정성을 보았기 때문이라고 생각한다.

여느 책처럼 첫 출간에 이르기까지 여러 고비를 거쳤다. 책의 성격(포지셔닝)은 '걷기 여행'이라는 대안적 성격을 견지하긴 했지만, 시장조사를 해 보니 아무래도 이것만으로는 부족해서 '여자 혼자 떠나는 걷기 여행'까지 근접했다. 그래도 미흡했다. 이미 '여자만의 여행'류의

:: '소심하고 겁 많고 까탈스러운 여자 혼자 떠나는 걷기 여행' 시리즈 네 권. 이 책을 작업하는 동안 편집자는 저자, 기획자와 긴밀히 호흡을 맞추며 적극적으로 의견을 개진하는 등 실제 기획자 역할도 했다고 할 수 있다.

책들이 두어 권 나온 터라 차별성이 부각되지 않았다. 기성 여행 작가와 구별되는 저자만의 성격을 더 담을 수는 없을까. 저자, 편집자와 함께 원고를 몇 번씩 다시 보고 머리를 맞대던 중, 저자가 "나는 그저 소심하고 겁 많고 까탈스러운 사람인데……" 하고 혼잣말처럼 하는 것을 번개처럼 포착해서 최종 제목을 정했다.

그러나 가장 큰 우여곡절은 저자 서문에서 겪었다. 본문 필치는 감정을 풍부히 드러내면서도 따뜻하고 잔잔한데, 마지막 화룡점정의 순간에는 인문학적 깊이를 엄숙히 뿜어내는 '고급 인문 교양서'용 서문만 계속 보내왔다. 원고의 책임은 어디까지나 저자에게 있지만 서문과 본문의 문체가 다르고 정서가 어긋나는 것을 그대로 수용하기는 어려웠다. 원고를 저자 상의 없이 고친다거나 '들어낸다'든지, 심지어 단한 문장이라도 대신 쓰는 일은 마약보다 끔찍한 악마의 유혹이다. 저자가 완성할 때까지 설득하고 기다리는 수밖에 없었다. 출판사 사무실에 나흘 동안 출퇴근하도록 권하고 기 싸움에 가까운 줄다리기를 고단하게 거듭한 끝에, 일곱 번째 저자 서문에 오케이 사인을 냈다. 저자는 이 징글징글한 기획자에게 질렸다며 다시는 안 볼 듯 뛰쳐나갔지만, 그 후로도 우리의 출판 인연은 계속되고 있다.

담당 편집자는 이 모든 과정에서 기획자와 충분한 파트너십을 발휘해 주었다. 벽에 부딪힐 때마다 원고로 돌아가 의견을 제시했고, 원고의 수정과 보완 작업에서도 저자와 긴밀히 호흡을 맞추었으며, 제목, 본문 판형의 설정, 표지 재질의 선정까지 적극적으로 의견을 개진하고 역할을 맡았다. 후속작인 『유럽의 걷고 싶은 길』은 나와 편집장이 퇴사한 이후, 당시 편집을 맡은 분이 혼자 다 맡아 출간하였는데, 전작(前作)의 과정에서 쌓은 역량이 발휘된 것이라고 믿고 싶다. 돌이켜 생각하면 이 시리즈의 기획자는 공식적으로 기획실장인 나였지만, 편집자역시 실제 기획자 역할을 했다고 할 수 있었다. 기획에 10의 역량이 투입되어야 한다면, 기획전담자가 맡은 역량은 7, 아니 6 정도가 아니었을까?

모든 것은 편집에서 시작된다

출판의 모든 것이었던 편집이 여러 공정으로 분화되는 것은 당분간계속될 것이다. 기획이 분화되고 기획자라는 직무가 생기는 것도 필연이다. 그러나 기획자가 기획의 모든 영역을 다 담당하는 것은 아니며그럴 수도 없다. 기획이라는 직무가 편집의 상급 위치도 아니다. 말 그대로 분화일 뿐이다.

편집자의 발전 전망 중 하나로 기획자를 생각할 수도 있겠지만, 설사 끝까지 정통 편집자로 남는다고 해도 편집 공정과 분리될 수 없는기획적 요소가 중요하다. 속설처럼 '편집의 기본을 닦은 뒤에야' 기획에 도전하는 것이 아니라, 지금 편집 과정에서 넓은 시야로 일할 때 이미 기획자의 자질을 닦고 있는 것이다. 물론 전업 기획자로 발전하기 위해서는 약간의 훈련과 과정이 더 필요하겠지만, 편집 업무를 주체적으로 밀고 나가는 것이 발전의 출발이다.

세상 읽기 습성을 내면화 하고 모든 원고에 특별한 자리를 잡아주는 능력은 기획자나 편집자에게 모두 필요하다. 편집자는 이 능력을 구체적 원고에서 점검하고 관철시키는 존재라는 점에서 기획자와 차이가 있을 뿐이다. 거칠게 말하자면, '책벌레'는 독자의 덕목이지 편집자의 덕목은 아니다.

편집이 곧 디자인,
디자인이 곧 편집

| 강무성 |

대학문화사에서 출판 일을 시작했고, 정신세계사 등에서 편집자로 일했다. 느린걸음 대표로 출판사를 운영
하며 서울출판예비학교에서 강의를 하기도 했다. 지금은 열린책들 편집주간으로 일하고 있다.

가끔 박쥐 행세를 할 때가 있다. 편집자 모인 데 가서는 '디자이
너'라고, 반대로 디자이너 모인 데 가서는 '편집자'라고 나를 소개하는
것이다. 주로 내공이 문제가 될 듯한 분위기가 감지될 때 쓰는 수법이
다. 편집자인데 디자인 좀 모르면 어떻고, 디자이너인데 편집 좀 모르
면 어떠랴. 그런 박쥐를 누가 좋게 볼까마는 나 스스로는 늘 떳떳하다.
왜? 나는 두 개의 조국에 양다리를 걸친 게 아니라 일편단심 하나의 조
국을 섬기고 있으므로. 하나의 조국이라니? 나에게는, 편집이 곧 디자
인이고 디자인이 곧 편집이다. 그 둘은 나에게 같은 나라다.

　왜 편집이 곧 디자인이고, 디자인이 곧 편집인가? 그 이야기를 지금
부터 해 보자 하고 생각하니 어쩐지 이야기가 내 이력서로 변할 것 같
은 예감이 든다. 그럴 수밖에 없는 것이 나의 그런 생각 역시 박쥐 같은

내 이력에서 나왔을 것이므로.

납 활자 시대의 편집과 디자인

지금이야 디자인 과정을 거치지 않고 책이 완성된다는 것을 상상하기 어렵지만, 내가 출판계에 발을 들여 놓던 때만 해도 상황이 많이 달랐다. 대략 30년 전의 일인데, 그때는 '편집디자인'이라는 말을 듣기도 힘들었다. 나만 그랬던 게 아니라 출판계 전체가 그랬다. 다만 정병규 씨 등 몇몇 선구적인 인물들이 어디엔가 사무실을 차려 놓고 편집디자인이라는 걸 해 준다는 말이 풍문처럼 들려오고, 사람들이 이제 막 그 편집디자인이라는 게 혹시 중요한 걸지도 모른다는 생각을 하기 시작하던 참이었다.

그런 출판계에 나는 책을 어떻게 만드는지도 모르는 채 입문했다. 출판과 관련이 있는 경험이라면 대학 시절 학보사 기자로 신문 조판(맞는 활자를 골라서 원고를 짜는 일) 과정을 지켜본 것이 전부였다. 원고가 활자가 되고, 활자를 늘어놓으면 판면이 되고, 이렇게 저렇게 해서 인쇄가 된다. 그런 정도만 알고, 선배 한 사람을 따라서 소풍 오듯이 출판계로 들어선 터라, 사실 편집이 뭔지 디자인이 뭔지 제대로 알 턱이 없었다. 당연히 내가 편집자인지 디자이너인지 스스로 물어볼 필요도 없었다. 하지만 명함에는, 관례에 따라서, 그냥 남들 하는 대로 '편집부'라고 달았다. 그랬으므로 편집이라고 정의된 일을 내가 하는 게 아니라 이제부터 내가 하는 게 편집이 될 판국이었다.

내가 처음에 빨간 펜을 들고 하기 시작한 일은 지금 사람들이 편집이라고 부르는 일과 별로 다르지 않았다. 오자를 고치고, 문장을 바로 잡고, 필요한 말을 더하고 필요 없는 말을 빼고, 큰 틀에서 체제를 다듬고, 제목을 달고. 하지만 하다 보니 거기서 몇 걸음 더 나아가게 됐다.

지금 디자이너들이 그 시절로 돌아간다면 할 수 있는 일이 별로 없을 것이다. 특히 본문은. 납 활자로 조판을 하던 시절, 즉 필요한 글자를 '고체' 상태로 준비해 놓았다가 쓰던 시절이다. 활자의 모양과 크기가 다양하지 않았다. 그렇다 보니 본문용 활자는 대개 정해져 있었다. 9포인트, 명조. "여기 이것들 0.1포인트만 키워 봐." "자간을 5퍼센트만 더 줄여 보지." 이런 말은 상상 속에서조차 할 수 없었다.

우리의 선택권이라곤 가로로 몇 글자, 세로로 몇 행을 흘려 판면을 구성할까 하는 정도였다. 그것마저 이미 30자 30행 내외로 대략의 표준은 정해져 있었다. 간혹 요령 있는 사람은 행간을 조금 넓게도 좁게도 할 수 있다는 것을 아는 정도였다. 겨우 그런 일을 시키자고 미래로 가서 편집디자이너라는 사람을 불러와야겠는가? 그냥 알아서 하는 거지. 당연히 그 시절의 편집자들은 그 일도 모두 자기 일로 생각하곤 했다. 물론 자신이 하는 그 일을 디자인이라고 생각하는 사람은 없었다. 나도 그랬다.

어깨너머로 시작한 편집디자인

더 본격적으로 디자인이라고 부를 만한 일을 하게 된 계기는 좀 다르게 찾아왔다. 스스로 출판계에 입문하며 나를 끌어들인 선배이자 내 첫 직장의 사장은 편집디자인의 중요성을 나보다 훨씬 일찍 깨달은 사람이었다. 그는 처음으로 내는 책의 표지 디자인을 정병규 씨에게 의뢰했다. 나는 그의 사무실에 디자인 맡긴 것을 받으러 갔다가 디자인실에서 사람들이 어떤 일을 하는지 처음으로 구경했다. 어깨 너머로 그런 구경을 할 때만 해도 앞으로 내가 그런 일을 하게 되리라는 예감 같은 것은 전혀 들지 않았다. 다만 그가 해 준 디자인, 그러니까 사진 식자(활자를 쓰지 않고 사진 식자기로 인화지나 필름에 직접 글자를 한 자씩 찍는 일)로 친 글자들이 붙어 있고 먹선 몇 개가 그려진 위에 반투명 유산지(황산 용액으로 처리해 물과 기름에 젖지 않는 반투명한 종이)가 덮이고 빨간 펜으로 이런저런 지시가 적혀 있는 넓적한 모눈종이 대지를 받아들고 오면서 막연하던 게 좀 분명해지는 느낌은 있었다. 이렇게 하는 거구나.

그러고 얼마 후 사장이 장기간 자리를 비우게 되었을 때 사고를 치고 말았다. 어느 날 신문에 어떤 사람이 재미있는 글을 썼다는 기사가 실렸다. 그를 만나 보았더니 그렇게 써 놓은 글이 수십 편이란다. 그래서 책으로 내자고 했다. 큰 고민도 없이 그 자리에서 생애 최초의 기획에다 생애 최초의 계약까지 마무리하고 와서, 아직 사장이 알기도 전에 책을 거의 다 만들어 버렸다. 본문은 앞서 말한 방법으로, 표지는 정병규디자인실에서 어깨 너머 본 방법으로.

표지까지 만들게 된 것은 순전히 허락도 받지 않은 일을 벌인 데 대한 양심의 가책, 혹은 그 일이 장차 불러올 금전적 손실을 조금이라도 줄여 보자는 갸륵한 마음 때문이었다. 당시 디자인비는 내 월급으로 감당할 수 없을 만큼 비쌌으니까. 나는 내가 무슨 짓을 하고 있는지도 몰랐다. 그냥 책 안에서 하던 편집이 바깥으로까지 나와 버렸다는 정도로 생각하며 그 일을 했다. 그래서 작업한 것을 들고 인쇄소에 가서 나의 요구 사항이 얼마나 말도 안 되는 것인지 실무자의 핀잔을 듣게 되었을

:: 본문 편집(교정·교열)부터 표지 디자인까지 모두 내 손으로 한 책들이다. 내용은 형식을 결정하고 형식은 내용을 결정한다. 편집과 디자인은 결코 분리되지 않는다는 게 내 생각이다.

때에도 전혀 부끄러운 줄 몰랐다.

　그렇게 시작된 나의 일은 세월이 흐르고 직장을 옮기고 여러 책들을 만들어 가는 동안 비슷한 방식으로 이어져 갔다. 경력이 쌓이면서 내가 무슨 짓을 하고 있는지도 조금씩 알게 되었다. 편집과 디자인의 개념이 조금씩 분명해져, 내가 하는 일을 편집과 디자인으로 구별해서 부를 수 있게 됐다. 하지만 역설적이게도 그럴수록 편집과 디자인이 다른 게 아니라는 생각이 자꾸만 들었다.

내용과 형식은 분리되지 않는다

편집자의 일차적 책무는 독자에게 텍스트가 잘 전달되게 하는 것이다. 그 목표는 텍스트의 구조를 잘 다듬어 질을 높이는 것으로 달성될 수 있다. 그런데 그것만으로는 부족하다. '형태적으로도' 잘 다듬어져 있어야 한다. 그래야 쉽게 이해가 된다. 이렇게 형태적으로 잘 다듬는 일, 이게 디자이너의 일이다. 그런데 그렇게 간단히 말해 버리기에는 모호한 부분이 있다. 결과적으로 그 일을 디자이너가 한다고 해도 그 일의 출발은 편집자의 손에 놓여 있기 때문이다.

원고가 도착한다. 처음에는 문단 구분도 제대로 되어 있지 않고, 아무런 체계도 편제도 없다. 편집자는 그 원고를 더 좋은 원고로 만들기 위해서 몇 개의 부분으로 나누기도 하고, 없던 제목을 달기도 한다. 그러면서 부와 장과 절이 생기고, 제목들 사이에 일정한 위계가 생긴다. 간혹 제목과 본문 사이에, 이후의 고리타분한 내용을 읽을 용기를 불러일으키는 요약문을 뽑아 넣기도 한다. 이런 작업이 필요하다고 판단하는 일은 분명히 편집 행위인데, 문제는 그 편집 행위가 사실상 디자인적 형태까지 결정해 버리게 된다는 사실이다. 내용상 파트(장)와 파트(장)의 거리가 멀다면 파트(장)마다 타이틀 페이지를 따로 두게 될 것이다. 큰 제목과 작은 제목은 각각이 지배하는 영토가 어느 정도인지 느껴질 만큼 차별이 있어야 할 것이다. 요약문은 본문과 성격이 달라서 배치 방식도 좀 달라야 하고 크기나 서체도 달라져야 할 것이다. 그래서 디자이너 손에 일이 넘어갈 때쯤이면 형태에 관한 편집자의 이런저런 소망이 잔뜩 따라붙게 된다. 편집자가 그런 요청을 명시적으로 하느냐 하지 않느냐는 상관없다. 텍스트의 구성 자체가 이미 그것을 요구하고 있으니까.

자, 이렇게 해서 디자인이 완성되었는데, 이 디자인은 누가 한 것인가? 편집자인가, 디자이너인가? 굳이 말한다면 디자이너의 손을 빌려서 편집자가 디자인한 것이라고 해야 옳지 않을까? 물론 디자이너가 일을 넘겨받은 뒤부터 해야 할 일이 결코 적고 가벼워서 하는 말은 아니다. 미묘하고 까다롭고 골치 아픈 선택이 무척 많다. 그때부터 생기는 변화도 많다. 그렇더라도 편집자가 텍스트를 손질하며 짜 놓은 애초의 설정에서 크게 벗어날 수는 없다.

지금 나는 어디까지가 편집이고 어디까지가 디자인이라고 딱 잘라 말하기 어렵다는 이야기를 하고 있는 중이다. 그것은 어디까지가 내용이고 어디까지가 형식이라고 잘라 말하기 어려운 것과 같은 이치다. 내용은 형식을 결정하고, 형식은 내용을 결정한다. 그래서 결국 내용은 형식이 되고, 형식은 내용이 되어 버린다. 편의상 개념을 구별해 부를 수는 있을지언정 그 둘은 결코 분리되지 않는다. 디자인이 진행될 때 편집자와 디자이너 사이에 소통이 절대적으로 필요한 것도 바로 이런 이유 때문이다.

내용과 일체가 된 형식, 즉 좋은 디자인이 나오기 위해서는 편집자와 디자이너 사이에 정말 많은 대화가 필요하다. 그 소통이 얼마나 긴밀하고 원활하게 이루어지는가에 따라서 디자인의 품질이 결정된다. 그런데 한 몸 속에서 이루어지는 대화만큼 원활한 소통이 또 있겠는가. 바꾸어 말하면, 편집자가 몸소 디자인할 때만큼 이상적인 경우가 어디 있겠는가, 이 말이다. 나는 그런 생각으로, 게다가 나 말고는 달리 그 일을 맡아 줄 사람도 없어서, 더 솔직하게는 그렇게 활용할 사람을 찾아내지 못하는 내 주변머리 때문에, 그냥 그 일을 내가 계속 떠안고 왔다. 그러다가 완전히 박쥐 신세가 되어 버린 것이다.

편집도 디자인도 커뮤니케이션이다

박쥐는 주변에도 박쥐가 될 것을 요구하기 시작했다. 후배 편집자들은 더러 직접 디자인을 하도록 나에게 강요받았다. 디자인을 직접 하지 않더라도, 내면적으로는 스스로 디자이너가 되어 디자이너를 움직여야 한다는 말을 끊임없이 들었다. 편집자가 그렇게 하지 않을 때 디자이너가 얼마나 일을 쉽게 망쳐 버리는지 경험해 본 사람들은 알 것이다.

순전히 내 주관적인 판단이지만, 디자이너보다 편집자가 해 놓은 디자인이 훨씬 나을 때가 있다. 물론 투박하고, 못생기고, 색감도 세련되지 않고, 첨단 인쇄 기법이나 신기한 후가공(인쇄 후에 더해지는 라미네이팅이나 코팅 따위의 작업) 기술도 전혀 동원하지 못했지만, 그보다 훨씬 중요하고 본질적인 것, 즉 내용에 다가간 형식을 구현한 디자인 말이다. 가끔 서점에 수줍게 얼굴을 내밀고 있는 그런 디자인의 책을 만날 때면 와락 반가움을 느낀다. 만약 독자에게 그 책의 디자인이 어떠냐고 물어본다면 십중팔구 "별로."라고 대답할 것이다. 하지만 그런 질문을 받기 전, 독자는 그 책의 디자인을 의식하지 못한 채 이미 책 속으로 자연스럽게 들어가 있을 것이다. 좋은 디자인이란 "야, 멋진데!"가 아니라 "아, 이런 책이구나!"라고 느끼게 만드는 디자인이다. 그런 디자인을 가장 잘할 수 있는 사람이 바로 편집자이다. 직접 디자인하지 않더라도, 그렇게 디자인이 되었는지 판별할 수 있는 사람, 디자이너가 그렇게 디자인하게 만들 수 있는 사람이 바로 편집자이다.

이야기를 하다 보니 "편집자들이여, 모두 박쥐가 되자!"라고 부르짖는 것처럼 됐다. 편집과 디자인이라는 일을 통폐합하자는 말처럼 들렸을지도 모른다. 그러나 사실 그런 일은 벌어질 수 없다. 다만 나는 그 둘의 본질적인 공통점에 주목하고 그것을 강조하고 있을 뿐이다. 그 공통점이란 '커뮤니케이션'이다. 텍스트 안팎에 걸쳐 있는 맥락을 감지해 내고 그것에 의지해 텍스트가 소통될 길을 닦는 작업. 그 점에서는 편집과 디자인이 따로 구분될 필요가 없다.

편집과 디자인은 필요한 바탕 지식부터 많이 다르다. 텍스트의 착실한 이해자로서의 편집자, 텍스트의 생산자 혹은 생산을 유도하는 사람으로서의 편집자가 되기 위해서는 지식과 사유의 판도를 굽어볼 수 있는 역량을 계속 쌓아 가야 한다. 그렇게 되도록 자신에게 꾸준히 자양분을 공급하는 것은 결코 만만한 일이 아니다. 많이 읽고, 많이 생각하고, 많이 공부해야 한다. 반면 형태적으로 텍스트의 전달을 완성하려는 사람, 즉 디자이너는 타고난 감각 위에 기술적 소양과 안목을 쌓아 가야 한다. 인쇄술, 미디어, 재료의 발전과 변화에 물줄기를 대놓고 늘 기술적 현재를 갱신하며 기능을 단련하고 있어야 한다. 이 역시 만만찮은 일이다. 간단한 예로 디자인용 컴퓨터 프로그램 하나만 능숙히 다루려고 해도 얼마나 많은 시간과 노력이 필요한가. 그러니 훌륭한 편집자, 훌륭한 디자이너가 되기 위해 갖추어야 할 것을 동시에 다 갖춘다는 것은 하늘의 별을 따는 일이다. 그게 쉬운 일이었으면 내가 왜 박쥐 행세를 하고 있겠는가.

웬만하면 출판사 하지 마라?

| 김홍민 |

1976년생. 대학에서 국문학을 전공하고 첫 직장인 아웃사이더 출판사에서 2년 동안 편집자로 일하며 잡지 열 권과 단행본 열 권을 만들었다. 회사 사정이 어려워져 퇴사한 뒤 출판사 '북스피어'를 차렸다. 현재 북스 피어 대표이며, "재미가 없으면 의미도 없다."를 모토로 삼아 네 명의 동료와 함께 장르 소설 한 우물만 파 고 있다.

우리나라 출판사의 수는 2003년에 2만 개, 2005년에 2만 5,000 개를 넘어섰다. 산술적으로만 보면 해마다 2,000개 정도의 출판사가 생겼다는 얘기가 된다. 그리고 오늘, 여전히 출판사를 설립하고자 하는 이들은 차고 넘친다. 하지만 대부분은 허수다. 장기적인 전망과 일관된 기획 아래 자신의 모든 것을 걸고 전력투구하여 책을 만들어 내는 출판 사는 많지 않다. 딱히 할 일은 없고 그저 책을 좋아하는데(혹은 책과 관 련된 일에 종사하고 있는데) 어떻게 하면 그 판에 끼어들 수 있을까를 궁리하다가, 이 정도라면 어떻게 되지 않을까 하는 막연한 생각에 젖어 출판을 시작하는 경우가 많다.

여기까지는 일반론이다. 2005년 당시 내가 출판사 창업에 대해서 고민하는 동안 지겹도록 들었던, 일종의 클리셰이다. 이걸 뭉뚱그려서 한 문장으로 요약하면 다음과 같은 뜻이 된다. "웬만하면, 출판사 하지 마라!"

약간 놀란 건 사실이다. 출판사가 많으리라 짐작은 했지만, 이렇게 많은 줄은 몰랐다. 기본적인 시장 조사도 없이 창업을 고민한 나 또한 허수 가운데 하나였던 거다. 그럼에도 지하철 차량 기지에 늘어선 객차들처럼 줄줄이 이어지던 출판계 선배들의 판에 박힌 듯한 충고는 (상당히 죄송한 말씀이지만) 얼마간 나를 짜증나게 했다. 웬만한지 웬만 안한지 사정을 제대로 알지도 못하면서 어찌하여 짐작만으로 저토록 자신 있게 충고를 해 줄 수 있단 말인가, 하는 반감이었다고 할까. 하지만 정작 나를 짜증나게 했던 것은…… 선배들의 짐작이 정말이지 사실이라는 점이었다.

아기가 뱀을 무서워하지 않는 건 용기가 있어서가 아니라 그게 뭔지 모르기 때문이듯, 나는 딱 한 종의 책을 들고 바로 출판사 설립 신고를 했다. 그해 여름 무렵의 일이다. 전부 여덟 권이었고, 그중 네 권은 이미 시장에 한 번 선을 보인 적이 있는 번역 소설이었다. 물론 첫 책으로 여덟 권이나 되는 소설을 한꺼번에 출간하자고 작정한 데는 내 나름으로 그럴싸한 동기들이 있었다.

그러나 그 모든 동기들을 플러스 마이너스로 셈하여 총합해 보면 역시 무모한 짓이었다는 것은 나 자신이 가장 잘 알고 있었다. 결국은 어쩌다 보니 일이 그렇게 되었을 뿐이다. 4년 남짓 지난 지금에 와서 돌이켜보면 그토록 준비 없이 시장에 뛰어든 건 확실히 어리석었다. 그래서 가끔 생각하곤 한다. 만약 4년 전으로 다시 돌아갈 수 있다면……. 부질없도다.

모범 답안대로만 살 수 있을까

과연 출판 창업에 모범 답안이 있을까. 대개 있다고들 한다. 창업 자금 3억 원, 첫 책을 출간하기 전에 완성 원고를 세 가지 정도 준비하고 첫 책 출간 이후 1년 안에 열 종(혹은 3년 안에 서른 종) 이상 낼 자신이 있다면 창업해도 된다. 이 또한 일반론이다. 출판 창업 관련 자료에 이 기준이 나와 있다. 창업 자금이 많을수록, 완성된 원고를 많이 확보할수록 성공 확률은 높아진다. 그래서 이미 창업해 자리를 잡은 출판인들에게는, 이제 막 창업을 하겠다고 '대책 없이' 덤비는 이들이 답답해 보일 수밖에 없다. 모범 답안이 뻔히 있는데, 왜 저렇게 대책 없이 시작하려 할까.

이건 대부분의 선생님들이 학생들을 바라보는 심정과 비슷하다. 시험을 잘 보기 위해서는 책을 많이 읽고 예습·복습을 철저히 하면 된다. 선생님은 입이 닳도록 얘기하고 학생들 역시 알고는 있다. 알고 있음에도 어쩐지 준비하기는 쉽지 않은 모범 답안. 그 학생들이 선생님의 나이가 되면 다시 같은 말을 다음 세대에게 들려준다. 시험을 잘 보기 위해서는 책을 많이 읽고 예습·복습을 철저히 하면 된다고. "직접 겪고 나서 후회하게 돼 있는 것, 또 그런 다음 다른 사람에게 그 길로 가지 말라고 쓸데없는 안타까움을 갖게 되는 허무한 재귀가 인생."이라는 어느 소설가의 말처럼, 출판 창업 역시 그러한 인생의 한 단면이라고 한다면 너무 뻔한 비유인가.

그들의 머릿속을 MRI로 촬영해 보면 희미하게 이런 문장이 아른거릴 게다. "그렇게 대책 없이 시작할 거면, 출판사 하지 마라." 창업을 해야 하는 이유는 기껏 몇 가지뿐이지만, 창업을 하지 말아야 할 이유는 산더미처럼 쌓여 있다. 그러나 누구나 그렇듯, 문제는 모범 답안을 준비할 수도, 그렇다고 출판 창업을 포기할 마음도 없다는 데 있으리라. 나 역시 크게 다르지 않았다.

여덟 권짜리를 첫 책으로 준비하다

창업 자금 9,000만 원. 준비된 원고 한 종. 나와 동료 한 명은 그렇게 시작했다. 그 한 종은 앞서 말한 대로 여덟 권이나 되는 번역서 『아발론 연대기』였다. "첫 책인데, 여덟 권짜리라니……. 글쎄, 될까?" 우리의 이야기를 들은 대부분의 사람들이 그랬다. 위험하다고. 한두 권짜리로 경험을 쌓고 시작해도 늦지 않다고. 출판 경력이라고 해 봐야 고작 2년. 게다가 회사 경영과 영업 경험이 전무한 편집자 출신. 나도, 나와 뜻을 같이하기로 마음먹은 동료도 알고 있었다. 무리라는 거. 그도 그럴 것이 약간의 경상비를 제하면 창업 자금은 초판 3,000질의 제작비로 전부 소진될 금액이었다. 마케팅 비용은커녕 당장 먹고살기도 어려울 판이었다.

텍스트의 완성도에 자신이 있었던 우리는 딱 두 가지에 신경을 집중했다. 하나는 오탈자가 없을 것. 다른 하나는 완성도 있는 디자인을 구현할 것. 디자인이 잘된 책이 많이 팔린다고 생각하지는 않는다. 실제로 잘된 디자인과 그렇지 않은 디자인이 책 판매에 미치는 영향은 4퍼센트에 불과하다는 연구 결과도 있다고 한다. 게다가 디자인에 비용과 시간을 들이면 그만큼 제작비가 늘어나고 후가공에 따른 파본이 많아질 수밖에 없다. 그렇지만 나는 약간의 손해를 감수하더라도 디자인에 공을

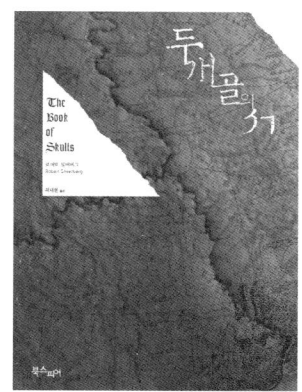

:: 북스피어의 첫 책인 여덟 권짜리 『아발론 연대기』(왼쪽)와 수업료를 톡톡히 치르고 우여곡절 끝에 두 번째 책으로 낸 『두개골의 서』.

들여야 한다고 생각하는 편이다. 금박 하나 입힌다고 당장 한 권이 더 팔리지 않을지는 몰라도, 공을 들인 디자인이 장기적으로 출판사의 이미지에 미치는 영향은 값으로 따질 수 없다고 보기 때문이다.

『아발론 연대기』는 출판사 설립 신고를 한 지 6개월 만에 출간되었다. 결과론이지만 첫 책으로 여덟 권짜리 대작(?)을 낸 것은 괜찮은 선택이었다. 물론 책의 가치가 양의 층위에서 결정된다고 할 수는 없겠으나, 확실히 덩치가 크다 보면 작은 것보다 눈에 띄게 마련이다. 덕분에 일차 독자라 할 수 있는 언론사 기자들의 주목을 받았다. 무엇보다 서점과 계약을 '무난하게' 진행할 수 있었다.

통상 서점 출고율(정가 대비 서점에 책을 공급하는 가격 비율)은 출판사에 따라 약간씩 다르기 때문에 계약 전에 자신의 출판사에 맞는 원칙을 세우고 그 출고율을 관철시키는 일이 중요하다. 서점 계약 직전, 나는 여러 출판사의 대표와 편집장들을 찾아다니며 조언을 구했다. 서울북 인스티튜트의 출판 창업 과정을 들으며 쌓아 둔 친분도 도움이 되었지만, 무턱대고 전화를 한 뒤 찾아가기도 했다. 그 과정에서 이런저런 소문들을 얻어들을 수 있었다. 가령, 서점은 가급적 입고율(정가 대비 출판사에서 책을 공급받는 가격 비율)을 낮추고자 노력하고, 신규 출판사는 당장 서점에 책이 공급되지 않으면 곤란하다고 여겨 조급해하다가 어쩔 수 없다는 식으로 계약을 하게 마련이라는 등, 자본주의 사회에서 흔히 마주할 수 있는 갑과 을을 둘러싼 추문. 내가 『아발론 연대기』를 들고 서점을 찾았을 때, 담당자들은 첫 책이 여덟 권이나 되니 한 종만 내고 자취를 감추는 출판사는 아닐 거라는 판단(을 했으리라 짐작한다)에 무리한 요구를 하지 않았다.(책이 멋져 보여서 그랬으리라고는 내 입으로 도저히 말 못 한다.)

다만 딱 한 군데 서점에서 5퍼센트 낮은 출고율을 요구해서 그 서점과는 계약하지 않았다. 대신 일간 신문사들을 직접 찾아다니며 홍보에 주력했고, 블로그에 책 출간 소식을 올려 독자들의 구매를 독려했다. 『아발론 연대기』서평이 몇 군데 일간지 북섹션에 실리면서 독자들이 반응을 보이기 시작했다. 계약하지 않은 서점에서 연락이 오는 데는 그리 오랜 시간이 걸리지 않았다. 결국 우리는 소매 서점 세 곳, 인터넷 서점 세 곳과 계약하고 한 군데 도매점과 일원화 계약을 맺었다.

이 대목에서 한 가지 환기하고 싶은 게 있다. 한번 계약한 출고율은 여간해서는 바꿀 수 없다는 점이다. 간혹 당장 서점에 책이 들어가는 일이 급하니 일단은 계약을 먼저 하고 뒷날 좋은 책이 나오면 출고율을 높일 수 있으리라 기대하는 분들도 있나 본데, 그게 결코 말처럼 쉽지 않다. 그렇기 때문에 서점과의 첫 계약은 신중해야 한다. 이 점은 아무리 강조해도 지나치지 않다. 좀 나은 조건(그게 합리적인 조건인지는 모르겠으나)으로 계약하기 위해서는 일단 누구나 인정할 만한 첫 책을 내는 길이 최선이라고 나는 생각한다.

준비 부실로 지불한 혹독한 수업료

『아발론 연대기』 초판 3,000질은 열흘 만에 다 나갔다. 덩치가 크기 때문에 주로 인터넷 서점에서 판매되었고 반품은 거의 없었다. 하지만 기쁨도 잠시. 이때부터 고민이 시작되었다. 지금 생각해 보면, 왜 그때 첫 책 외에 기획된 다른 책이 전혀 없는 걸 심각하게 걱정하지 않았는지 도통 영문을 모르겠다. 학창 시절, 분명 문제지에는 "옳은 답을 고르시오."라는 대목에 두꺼운 글씨로 밑줄까지 쳐 있건만, 답안지를 제출하고 나서야 왜 '틀린 답'을 골랐는지 의아해하던 심정과 비슷하다. 꼭 뭐에 홀린 기분이었다고 하면 태만한 감상이겠지. 안일했던 거다. 첫 권에 지나치게 감정이입이 되어 앞뒤 돌아볼 여력이 없었던 거다. 첫 권만 내면 어떻게든 되리라고 생각했던 거다. 그러나 첫 권이 나온다고 절대로 어떻게 되지 않는다.

겁이 나고, 마음이 급해졌다. 얼른 다음 책을 내야 한다는 생각에 출판사의 방향이고 나발이고 상관없이 책으로 꾸밀 수 있겠다 싶은 기획물은 전부 건드리기 시작했다. 그 과정에서 꽤나 많은 수업료를 지불해야 했다. 계약금만 지불한 상태에서 엎어진 사회과학 책도 있었고, 번역까지 마친 텍스트를 꼼꼼하게 읽어 보니 도저히 팔릴 것 같지 않아 포기한 역사물도 있다. 앞뒤 재지 않고 무리하게 진행한 탓이다. 시간은 참으로 잘 흘러갔다. 그렇게 무기력한 상태로 6개월을 보냈다.

여기서 눈여겨봐야 할 대목이 바로 첫 책의 출간 시점이다. 출판 창

:: 2009년 6월 18일, 기존에 출간한 도서와 향후에 출간할 원서를 '모시고' 조촐하게 진행한 북스피어 4주년 기념 고사. 3주년 때 지나치게 거창한 행사를 했다가 '고생'(북스피어 홈페이지 참조)했던 관계로 4주년은 조용히 우리끼리 지냈다.

업을 고민하는 이라면 어쨌든 뭔가 한 권쯤 낼 책이 있으니까 뛰어들 마음을 먹었으리라 생각한다. 이때 주의해야 할 점은 막연하게 '일단 첫 책을 내고 보자.'라는 식은 곤란하다는 거다. 이건, 일단 내 보고 실패하면 발을 빼겠다는 심리 때문인데, 이래서야 전력을 다할 수도 없을 뿐더러 우리나라 유통 시스템에서는 실패할 확률이 다분하다. 최소한 두세 권의 완성된 원고를 확보한 시점에서 첫 권을 내야 한다고 조언을 하는 이유는 바로 그래서다. 물론 책 한 권 내지 않은 출판사가 완성된 원고를 미리 몇 건씩이나 구한다는 건 쉽지 않다. 하지만 내가 만약 『아발론 연대기』 출간을 6개월만 미루고, 그 기간에 후속서를 준비해 두었더라면, 그만큼 수업료가 덜 들었을 거라 확신한다. 이것은 지금까지도 뼈저리게 후회하는 부분이다.

순간의 '쪽팔림'이 10년을 좌우한다

우여곡절 끝에 우리가 두 번째로 고른 책은 『두개골의 서』라는 SF 소설이었다. 엉겁결에 기획한 책이다. 이 책이 나오기 전 열 달 가까이 국내에 SF 소설이 하나도 나오지 않았기 때문인지 제법 잘 팔렸다. 초판 출간 후 일주일 만에 2쇄를 찍었다. 『아발론 연대기』가 판타지물이었으니 또 장르 소설을 낸 것이다. 이때부터 '북스피어(Booksfear)'는 장르 전문 출판사로 알려지게 됐다. 그리고 4년여가 지난 지금까지 한 권의 열외 없이 전부 장르 소설만 출간했다. 덕분에 꽤 많은 '충성 독자'의 지지를 받고 있다. 소규모 출판사로서 이쪽저쪽 눈 돌리지 않고 한 분야만 집중적으로 공략하는 것도 전략이라면 전략이라고 할 수 있으리라. 아아, 이렇게 전략 운운하는 지금 나는 몹시 부끄럽다.

소설가 김훈 씨가 그랬던가. "말할 수 있는 것들은 말할 수 있지만 말할 수 없는 것들은 말할 수 없다."고. 실은 이렇게 글로는 들려줄 수 없는 얘기들이 몇 가지 더 있다. 이 책의 다른 필자들 역시 비슷한 심정이 아닐까. 부디 당부하건대 직접 찾아다니며 남의 말을 들어 보는 노력도 기울이시기를. 나와 비슷한 시기에 출판 창업을 고민하던 이들 가운데 단지 "쪽팔린다."는 이유로 생면부지의 선배들을 찾아가길 꺼리는 사람을 여럿 보았다. 그럴 수 있다. 찾아간다고 반드시 환영해 준다는 보장은 없다. 하지만 이렇게 생각해 보면 어떨까. 순간의 쪽팔림이 10년을 좌우한다고. 혹은 그 이상이 될 수도 있고 말이다.

임프린트, 다이내믹의 표본

| 강성민 |

동국대 국문과를 졸업했고, 같은 학교 대학원에서 '김구용 초기시 연구'로 석사 학위를 받았다. 『출판저널』
기자와 『교수신문』 학술기자·편집국장을 거쳐 2007년부터 문학동네 임프린트 '글항아리'를 운영해 왔다.
2009년부터는 계열사로 승격한 (주)글항아리를 더욱 튼튼한 반석에 올려놓기 위해 동분서주하고 있다. 그동
안 펴낸 책으로 『학계의 금기를 찾아서』, 『2천 년의 강의』(공저) 등이 있다.

2007년 1월, 나는 자본금 한 푼 없이 달랑 기획력 하나만 믿고 문학동네 직원으로 입사했다. 출판 경력도 없이 서른 중반의 나이로 이것이 가능했던 것은 임프린트라는 제도 덕분이다. 임프린트는 출판사가 편집자에게 독립된 브랜드를 주고 운영을 맡기는 일종의 벤처 시스템이다. 떨리는 마음으로 면접을 봤고 겨우 통과했다. 정직원이 아닌 2년짜리 계약직. 그 대신 '글항아리'라는 브랜드를 선물로 받았다. 내 마음대로 책을 펴낼 수 있는 나의 브랜드다. 게다가 매출 성적에 따라 인센티브도 정확하게 받는다.

회사마다 다르겠지만 임프린트의 공통된 평가 기준은 '얼마나 파느냐'이다. 회사가 임프린트들의 결합체인 경우엔 임프린트들 간의 매출 서열에 따라 평가하고, 모회사의 비중이 크고 임프린트의 비중이 작은

경우는 모회사의 직원 1인당 매출과 임프린트의 직원 1인당 매출을 비교한다.

중요한 것은 임프린트라는 게 출판사가 업무 효율성을 높이고 종목 확장을 용이하게 해서 매출을 늘리려 도입한 일종의 '용병 시스템'이라는 사실이다. 단순히 흑자를 내는 데 머물러서는 안 되며, 내부의 다른 임프린트들과 매출 경쟁을 해야 한다. 그리고 편집·기획·마케팅 등 여러 측면에서 경력자로서 자질과 모범을 보여야 한다. 좀 더 나아가 임프린트라는 제도가 출판계에 플러스알파로 작용하도록 만들어 나가야 한다는 책임감도 스스로 갖게 된다.

칼 같은 성과 위주의 시스템이지만 어떻게 보면 사업을 시작하는 방법으로는 매우 안전하다. 자기 자본금이 들어간 게 아니니 최악의 상황은 회사에서 쫓겨나는 것. 도박성이나 모험성이 거의 없다. 게다가 잘하면 자기 출판사를 만들 수도 있다. 다른 출판사는 어떤지 잘 모르지만, 문학동네의 경우 임프린트는 임프린트로 끝나지 않는다. 성과가 좋으면 임프린트도 법인 출판사가 되고, 임프린트 대표는 그 출판사의 최대 주주가 되어 실질적인 자기 출판사를 만들 수 있다.

나만의 '필살기'를 만들어라

나는 임프린트 제도가 생긴 지 얼마 안 되었을 때 운 좋게 기회를 잡았지만, 요즘은 많은 편집자들이 임프린트를 선망하면서 경쟁률이 높아졌다. 적지 않은 투자와 관리가 필요한 데다 대외적으로 엄연히 하나의 출판사로 인식되는 임프린트를 편집자의 열정과 패기만 믿고 내 주는 것은 경영자로서도 쉽지 않은 일이다. 따라서 임프린트가 되기 위해서는 준비가 필요하다. 무턱대고 매출을 많이 올리겠다고 큰소리치기보다는 자신의 성향과 역량, 조직 경영 능력, 모회사의 강점과 약점, 시스템의 특징 등을 미리 분석하고 자신에게 맞는 사업 기획안을 만들어 경영자를 설득해야 한다. 그 내용이 합리적이라면 선택을 받을 것이다.

임프린트는 신입 사원 채용과 다르기 때문에 자신만의 확실한 경쟁력을 면접 과정에서 증명해야 한다. 마케팅에서 말하는, 상대의 마음을 사로잡는 '킬링 포인트'처럼 선택을 받기 위한 '필살기'를 하나쯤은 갖춰야 한다는 뜻이다. 나의 필살기는 '폭넓은 학계 인맥'이었다. 문학동네에 내가 면접용 자료로 제출한 50여 종의 단행본 기획서는 좀 허황되다는 평가를 받았다. 감각, 시장성, 현실화 가능성에서 모두 그랬다. 『출판저널』서평기자 2년, 『교수신문』학술기자 5년의 경력에서 나올 수 있는 게, 사실 애매하고 추상적인 글쓰기가 고작 아니겠는가. 하지만 나에게는 문학동네에서 한 번도 책을 내지 않은 정치·사회·경제·역사·철학 분야의 다양한 저자군이 있었다.

이 인맥은 단순히 친분 관계를 의미한 게 아니었다. 기자 시절 나는 일주일에 한두 번은 국회도서관에 가서 최신 학술지들을 살펴보고 그중에서 신문에 소개할 만한 내용을 발굴했다. 몇 년을 그렇게 하자 각 분야별 연구의 흐름과 쟁점을 개괄적으로라도 알게 됐다. 이는 일반인이 독서를 통해 알게 되는 것보다 좀 더 자세하고 현장성 있는 것이었다. 학술지에 실린 논문을 발굴해서 지면에 소개하면 그 학자는 매우 고마워하며 전화를 하거나 이메일을 보내온다. 책도 잘 안 읽는 세상에 논문을 찾아 읽고 기사까지 내 주니 말이다. 이 밖에도 다양한 채널과 취재를 통해서 학계 내부로 들어가 학자들의 일상과 호흡을 함께했

:: 표지 시안을 검토 중이다. 이 책의 실제 표지는 시안과는 완전히 달라졌다. 내 마음에 드는 표지 시안일지라도 될수록 여러 사람에게 보이는 게 좋다. 책 나오고 나서는 아무리 후회해도 소용없다.

다. 이것이 나의 경쟁력이었다. 나의 학계 지도는 역사·문학·철학 분야를 매우 정확하고 자세히 그리고 있으며, 사회학·경제학·정치학·인류학·민속학·자연 과학·언론학 분야도 윤곽은 웬만큼 잡는 수준이었다. 면접을 볼 때 이 점을 적극적으로 알렸다. 그 얼마 전 몇 군데 출판사에 기획안만 냈다가 거절당한 경험이 있었기 때문에 무엇이 나의 경쟁력인지를 다시 생각한 뒤 사용한 전략이었다. 다행히 이것이 먹혔던 것 같다.

어떤 분야로 방향을 잡을까

임프린트를 준비할 때는 어떤 분야의 책을 낼 것인지 신중하게 결정해야 한다. 임프린트로 대형 출판사 밑에 들어간다는 것은, 그 출판사가 손대지 못하는 분야, 개척해 보고 싶은 분야를 맡아서 키우는 것을 의미한다. 나는 역사를 중심으로 한 인문학 출판으로 방향을 잡았다. 문학동네에서 인문학 책을 내지 않던 것은 아니었다. '모더니티 총서' 등 문학과 상상력에 관한 인문서를 출간하고 있었고, '알마'라는 인문학 계열사도 있었다. 그런데 역사 분야는 좀 약한 것 같았다. 특히 당시 인기를 끌던 조선 시대를 대상으로 한 교양서 및 각종 생활사·테마사 관련 책은 거의 보이지 않았다. 게다가 문학동네는 자기 계발서나 가벼운 경제·경영서 쪽으로는 전혀 진출하지 않은 상태였다. 나는 역사를 중심으로 인문학 분야의 책들을 개발하면서, 이것을 자기 계발 및 경제·경영 분야와 접목시켜서 고급스럽고 알찬 실용서 출판도 점차 겸해 나가야겠다고 생각했다.

이때 자기가 출판하고 싶은 분야의 시장이 너무 작으면 곤란하다. 예를 들면 과학이나 예술 분야가 그렇다. 제대로 된 과학 출판을 해 보고 싶다고 임프린트를 지원하면 거절당할 확률이 높으리라 생각된다. 그럴 경우 과학을 교묘하게 비틀어서 다른 시장에 편입시킬 수 있는 방법을 찾아야 한다. 가령 과학을 친화력이 높은 경제학·사회학·심리학과 접목시킨다든지, 통계 물리학을 활용해서 사회 현상의 메커니즘을 정량적으로 꿰뚫는 책을 내는 것이다. 또 과학을 활용한 처세서 쪽으로 이미 나와 있는 베스트셀러를 모델 삼아 틈새를 파고드는 기획을 할 수도 있다. 진짜 하고 싶은 정통 과학은 이렇게 해서 자리를 잡은 뒤에 천천히 해도 늦지 않다.

임프린트가 꼭 출판계에 오래 몸담은 편집·기획 경력자들을 위한 자리는 아니다. 나도 한 발 걸치긴 했지만 편집자가 아닌 기자 출신이다. 또 주변을 보면 한의사, 변호사, 증권사 직원, 국회의원 보좌관, 대기업 홍보팀장 등 다양한 영역에서 일했던 사람들이 출판에 출사표를 던졌거나 던지고 있다. 대개 이런 분들은 고전이나 인문학, 제대로 된 번역 출판을 하고 싶다는 열망을 지니고 있다. 하지만 다소 낭만적인 태도로 접근했다가 실패하는 경우를 종종 본다. 이런 일을 막기 위해서는 자신이 과거에 몸담았던 영역의 인맥을 최대한 활용하는 것을 잊지 말아야 한다. 전문직 종사자들은 얼마든지 책을 쓸 능력이 있다. 그 사람들을 대상으로 1~2년 동안의 현실적인 출판 계획과 매출 목표를 짜고 기획안을 만드는 것은 임프린트에서 기본적으로 할 일이다. 출판이라는 렌즈를 끼고 관찰하면 보이지 않던 것이 보일 것이다. 의외로 출중한 고전 독해 실력을 갖춘 사람을 찾을 수도 있고, 특이한 삶의 이력을 가진 사람을 만날 수도 있다.

출판계에 몸담은 지 오래된 사람들은 관록이 받쳐 줘서 임프린트를 시작할 때 준비가 많이 필요하지 않을 수도 있지만, 전혀 다른 분야에서 출판으로 진출할 경우에는 최소 5,000부 이상 판매될 원고 2~3종을 구해 놓고, 5~6명 정도와 구두로라도 집필 계약을 체결한 뒤에 임프린트에 도전하는 것이 바람직하다.

얼마나 빠르게 출간 종수를 쌓아 나갈까

임프린트가 본격적으로 가동되기 시작하면 정신없이 바쁘다. 말했듯이 임프린트는 모회사의 '용병'이다. 프로 스포츠계에서 비싼 용병을 모셔 왔다가도 성적이 부진하면 다시 비행기를 태워서 보내듯, 임프린트도 일정한 매출이 요구되고 그에 대해 냉정한 평가가 내려진다.

여기서 1년에 몇 종의 책을 낼 것인가 하는 문제가 대두된다. 중요한 문제이다. 책을 많이 내면 매출이 올라가는 대신에 몸이 힘들고, 적지만 알차게 내면 매출 규모는 작아져도 출판을 여유 있게 즐기면서 할수 있다. 대부분 나처럼 첫 번째 경우로 목표를 잡지만, 두 번째 길을 선택할 수도 있다. 그럴 경우엔 모회사에 매출 이외의 확실한 이점을 제시해야 한다.

나는 욕심이 많고 이열치열하는 스타일이라서 경쟁 시스템이 큰 문제가 되지 않았다. 오히려 나 자신이 시스템보다 더 경쟁적이었다.(그렇기 때문에 임프린트를 준비할 때는 자신의 성향을 꼭 파악해야 한다.) 나는 매출 목표를 비교적 높게 잡았다. 베스트셀러를 내면 이 문제는 곧바로 해결된다. 하지만 인문서로는 쉬운 일이 아니다. 글항아리에서 2008년에 펴낸 24종의 책 중 10종 이상을 1만~3만 부 판매를 목표로 시장에 내놓았다. 하지만 실제로 1만 부 넘게 팔린 책은 단 한 종에 불과했다. 그 대신 대부분의 책이 초판은 다 팔려서 간신히 매출 목표를 달성할 수 있었다. 베스트셀러 없이 매출 목표를 맞추려면 아무래도 출간 종수가 늘어날 수밖에 없다. 글항아리는 2007년 1월부터 활동을 시작해 6개월의 준비 기간을 거쳐 7월에 첫 책을 내놓았다. 그해에는 7종밖에 못 냈지만, 2008년에는 전해에 계약했던 원고들이 들어오면서 빠르게 편집을 진행해 24종을 냈다. 2009년에는 30종 출간을 목표로 하고 있다.

너무 '달린다'고 생각할 수도 있지만, 내 나름대로 계산이 깔려 있다. 인문 분야의 책은 천천히 팔리기 때문에 구간을 빨리 쌓아 나갈수록 규모의 경제학이 작동되어 여유를 갖고 출판할 수 있게 된다. 구간

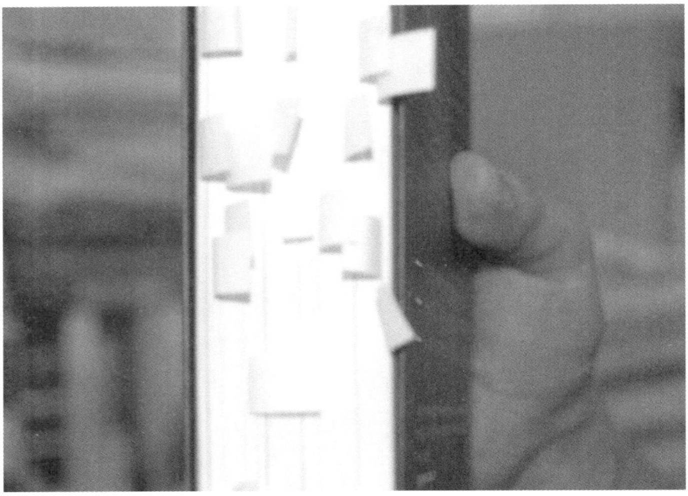

:: 거의 모든 책에는 오류가 있다. 그걸 줄이는 게 편집자의 소임이지만, 이렇게 책 나오고 나서 촘촘히 붙어 있는, 오류를 표시한 포스트잇을 보노라면 깊은 회한과 자책감에 휩싸이게 된다.

30종이 쌓이면 피부로 느낄 정도로 일일 매출이 뛰고, 100종이 쌓이면 다시 한 번 크게 뛴다는 말이 있다. 요즘은 책의 회전이 빨라져서 신간에서 구간으로 전락하는 속도가 눈이 팽팽 돌 정도이지만, 아직까지 인문 분야 책들은 천천히, 느리게 팔리는 편이다. 거의 안 팔리다가도 우연히 방송을 타거나, 명사들의 신문 칼럼 또는 포털 사이트의 '오늘의 책' 같은 코너에 소개되고 내용만 좋으면 다시 살아나는 것이 바로 인문서이다. 잠재성이 풍부한 '거북이'인 것이다.

중요한 것은 임프린트에게 적용되는 이 '천천히 팔리는 것'의 기준이다. 원하는 매출을 올리려면 출간 이후 1년 동안 최소 2,000부는 나갈 책을 만들어야 한다. 내용이 아주 좋고 꼭 내고 싶은 원고라도 2,000부가 안 나갈 것 같으면 망설일 수밖에 없다. 1만 부 판매는 거뜬하리라 생각하고 의욕적으로 만든 책들도 2,000부가 안 나가는 경우가 허다하기 때문이다. 하지만 매출에 당장 도움이 되지 않더라도 다음 기획에 도움을 줄 수 있고, 브랜드 이미지 제고에 기여할 수 있는 책이라면 출간을 고려해야 한다.

이런 점들을 감안할 때 빠르게 종수를 쌓아 나갈 수 있는 것은 자기 자본으로 출판사를 차린 사람들에게는 좀처럼 쉽지 않은, 임프린트의 장점이다. 초판만 순조롭게 소화한다면 책 제작과 관련한 돈 걱정이 많이 줄어든다. 서점이나 인쇄소 같은 거래처에 '대기업'으로 인식되는 것도 임프린트의 또 다른 이점이다. 수금이 잘 이뤄질 뿐만 아니라 모회사에서 그런 부분을 관리해 주기 때문에 골치 아픈 일들에 신경 쓰지 않아도 된다.

임프린트 대표에게 경영은 매우 단순하고 명확하다. 머리와 꼬리를 떼어 내고, 책의 판매라는 몸통만 생각하면 된다. 1인 출판사나 소규모로 창업한 출판사들은 책의 편집과 판매 외에도 신경 쓸 게 많다. 수금이 잘 안 돼 초기 자금 회전에 어려움을 겪는 경우도 종종 보았다. 자금 회전이 안 되면 원고가 있어도 책을 못 낸다. 그렇게 몇 달 쉬다가 자금이 모이면 다시 책을 한 종 내놓는 식으로 하다 보면 출판 활동에 탄력이 붙지 않는다. 하지만 임프린트는 조금만 부지런을 떨면 제작비 걱정 없이 원하는 책을 마음껏 만들 수 있다. 따라서 일이 많은 게 부담스러운 사람이라면 임프린트는 안 하는 게 낫다.

편집 시스템과 언론 활용

글항아리는 지난 2년간 나를 포함해 2명이 편집을 해 오다, 근래에

3명으로 늘었다. 대부분 국내 필자를 섭외해서 기획 출판을 하기 때문에 교정·교열만 봐서 내는 책은 거의 없다. 또 단순한 교정조차 외부에 전혀 맡기지 않는다. 비용도 들지만 결국 이중으로 일을 하면 어쩌나 하는 부담감 때문이다.

어림해 보면, 출판사가 기획해서 저자의 원고를 받아 내는 데까지 짧게는 6개월, 길게는 3년 정도의 시간이 걸린다. 그런데 임프린트는 이 시간을 단축시켜야 한다. 앞에서도 얘기했지만 목표 달성을 위한 최소 출간 종수가 있기 때문이다. 시간을 단축시키는 데는 여러 가지 방법이 있는데 잡지나 신문 연재물 등 반 이상 진행된 원고를 찾아내서 계약을 성사시키는 것, 특정 주제로 박사 논문을 쓴 사람이나 훌륭한 논문을 몇 편 쓴 저자와 접촉해서 편집자가 함께 내용을 채워 나가는 것, 크게는 이 두 가지가 아닐까 한다.

따라서 임프린트 편집자는 숙련되고 카리스마 넘치는 에디터십이 필요하다. 저자를 대할 때 마냥 생글생글 웃으며 좋은 이야기만 하거나 반대로 자로 잰 듯 깐깐하게만 굴어서는 안 된다. 타협적인 방안을 제시해서 저자를 설득해야 할 경우가 많다. 글항아리의 책에는 편집자의 입김이 강하게 작용한다. 저자에게 책의 콘셉트, 글의 수준, 원고 마감 시한 등을 강하게 밀어붙여서 관철시킨다. 또 편집자는 때에 따라서 보조 필자가 되어야 한다.(사실 거의 모든 책에서 그래야 한다.) 다양한 박스와 쉬어 가는 코너는 편집부에서 작성할 때가 많은데, 때로는 그 분량이 권당 원고지 200매에 이르기도 한다. 임프린트 편집자에게는 저자와 하나하나 이야기를 주고받으면서 천천히 한 걸음 한 걸음 책 꼴을 잡아 나갈 여유가 사실상 없다. 반은 직접 쓴다는 '불순한' 생각으로 달려들어야 한다.

그다음 중요한 것은 언론 보도이다. 어떤 책이 기사가 될 수 있는가? 이것은 내가 기자 출신이기 때문에 좀 유리한 부분이었다. 그래서 책의 기획과 연결시켰다. 기사화가 될 만한 책을 기획하는 것이다. 일간지 북섹션의 영향력이 많이 줄었다고 하지만, 인문 교양서는 신문에 소개되지 않고선 몇 개월 안에 초판을 소화하기가 무척 어렵다. 『미궁에 빠진 조선』(유승희)은 조선 시대의 살인 사건을 다룬 책이다. 이 분야는 독자층이 형성되어 있었기 때문에 책을 내야겠다고 생각하고 필자를 물색했다. 그러다가 우연히 국회도서관에서 관련 박사 논문을 쓴 저자를 찾아내어 책을 내게 됐다. 보도자료에는 이 책이 국내 최초로 조선 시대 범죄를 다룬 박사 논문을 바탕으로 했으며, 국역되지 않은 『일성록』과 『추안급국안』 등의 방대한 자료를 토대로 썼다는 점을 강조했다. 실제로 당시 한 일간지 기자가 "흥미 위주의 책인 줄 알고 지나치려고 했는데 전문가가 쓴 책이더라."라고 말하면서 제법 큰 기사로 다뤄주었다.

지금까지 임프린트가 되기 위한 준비 과정과 실제 출판에서 고려해야 할 사항들을 간략하게 살펴보았다. 출판계에 임프린트 제도가 도입된 지 얼마 되지 않았고, 나 자신도 2년 정도의 경험을 토대로 쓴 것이라 빠트린 대목도 있을 것이다. 하지만 최대한 객관적으로, 임프린트 편집자의 특수성을 서술해 보려고 애썼다.

글항아리는 2009년 2월 문학동네의 계열사로 승격되었다. 2년간의 임프린트 계약이 끝나고 재계약할 시점에 매출 성적, 연간 출간 종수 등을 종합적으로 고려하여 계열사가 될 만하다는 평가를 받았다. 앞서 말한 법인 출판사가 된 것이다. 임프린트를 내 '소유'의 출판사로 만들기 위한 1단계를 통과한 것이라고 할 수 있다.

임프린트 출판은 평가에 온몸이 노출돼 있다. 그 때문에 철저한 자기 점검과 충분한 준비 없이 뛰어들면 견디기 어려운 측면이 있는 것도 사실이다. 하지만 그만큼 역동적이고 열정적으로 일할 수 있다. 몸은 힘들지만, 출판에 대한 거의 모든 것을 빠른 시일에 배울 수 있는 시스템임은 분명하다.

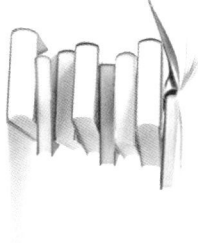

5장

출판편집자 24시

인연이라는 마법을 찾아서

| 이승희 |
5년차 편집자. 1980년에 태어나 고려대학교 국어국문학과를 졸업했다. 비룡소와 마로니에북스에서 일했으며, 지금은 김영사의 문학 브랜드 '비채'에서 근무하고 있다.

아침에 출근해서 메일을 점검하고, 오늘 해야 할 일들을 확인하여 대략 답할 것을 한 후에 '아침형 저자'들에게 전화를 건다. 지난주에 나온 신간이 몇몇 언론에 소개되었다는 소식, 신문에 난 저자의 인터뷰 기사를 잘 읽었다는 인사, 책이 재판을 찍게 되었다는 이야기, 집필 중인 원고의 진행 상황 점검 등을 하기 위해서다. "아이구 안녕하신가! 식사는 했어요?" 선생님께서 내 전화번호를 먼저 알아보고 반갑게 인사를 하신다.

"우와, 작가들이 앞에서 막 걸어 다녀!"

처음 일을 시작했을 때 친구들에게 이런 문자메시지를 보냈던 일이 생각난다. 지금이야 '책'이 부피와 질량을 가진 어떤 것(특히 무거운 것!)으로 종종 인식되지만 그때만 해도 내게 '책'이란 하나의 거대하고 성스러운 세계였다. 그런 세계의 '창조자'이신 저자 선생님들을 눈앞에서 본 신입 사원의 마음이 어찌 태연할 수 있었겠는가.

그렇게 곁눈질로 선생님을 쫓으며 어려워하던 신입 사원은 이제 저자들의 연락처를 '따서' 막무가내 청탁도 하고, 때로는 원고를 주지 않는 저자를 협박(?)하고 달래는 편집자가 되어 가고 있다. 저자의 연락처를 '따는' 것은 생각보다 어렵지 않다. 요즈음은 그룹웨어(사내 전산망)를 이용해 저자 정보를 공유하는 출판사가 많고, 저자의 기출간작을 보유한 다른 출판사에서도 잘 알려 준다.(편집자들이야말로 세상에서 가장 마음 좋고 순한 사람들이다!) 이런 방법으로도 안 되면 나는 회사 내 다른 편집자들의 인맥을 이용하기도 하고, 다른 출판사에서 일하고 있는 친구들에게 읍소하기도 한다. 마침내 저자의 연락처를 얻어내고 환호하는 것도 잠시, 원고를 의뢰하는 그다음 단계는 정말 살 떨리는 순간이다. 오죽하면 어느 편집자는 원고를 의뢰할 때면 모두가 퇴근하고 난 빈 사무실에서만 전화를 든다고 할까.

저자에게 전화를 걸어 "저는 ○○회사의 △△부서에서 일하는 아무개입니다"라고 자기소개를 하고, "바쁘신 줄은 알지만……"으로 시작해 원고료와 인세 얘기까지 말하는 일은 아무리 해도 할 때마다 등줄기에 땀이 흐른다. 사실 사장님을 비롯한 윗분들의 소개로 저자와 연결되는 경우가 많은데, 이때도 역시 실무 영역은 오롯이 담당 편집자의 몫이 되고 보니, 저자와 첫 대면을 하게 되는 날은 옷차림부터 시작해 모든 것에 신경이 쓰이기 마련이다. 겸연쩍음이나 창피함 따위는 사무실 서랍 속에 꾹꾹 집어넣은 뒤 전화를 걸고 미팅을 하지만, 어느새 손발에는 땀이 차고 목소리는 바들바들 떨린다. 아직 멀었구나 싶다.

저자 관리를 잘하는 편집자들을 보면 몇 가지 특징이 있다. 먼저 잘

웃고, 처음 보는 사람에게도 스스럼없이 말을 붙이며, 어른에게 깍듯하고, 놀라울 정도로 친화력이 좋다. 공손하면서도 조곤조곤히 전화를 받는 말투나, 현란하게 꾸미지 않은 단정한 옷차림도 그렇다.

이렇게 저자와의 첫 전화와 첫 대면, 혹은 첫 이메일을 거쳐 계약서를 쓰기까지의 떨림을 무사히 극복해 내면 본격적인 편집자의 업무가 기다리고 있다.

가래로 막을 걸 호미로 막는다

편집자라는 일이 황송하고 행복한 가장 큰 이유는 저자들의 따끈따끈한 원고를 제일 먼저 볼 수 있기 때문이리라. 작가에게는 가장 떨리는 순간이기도 하다. 유명 작가들도 편집자의 평가를 기다릴 때는 잔뜩 긴장한다고 하니, 아직 부족하기만 한 내 충고에 기꺼이 귀를 기울여주는 저자에게 누를 끼치지 않기 위해서라도 꼼꼼히 원고를 읽고 성의 있게 답변하려 노력한다.

국내 작가들의 원고를 맡는다는 것은, 진정 살아 있는 텍스트와 소통하는 일이 아닐까 생각할 때가 많다. 외국 작가들의 원고가 죽어 있다는 뜻은 아니다. 생명체가 태어나서 성장하고 병들듯, 평범했던 원고가 편집 과정에서 보석이 되기도 하고, 빛나던 원고가 편집 방향과 맞지 않아 생기를 잃어버리기도 한다는 얘기다. 기획 의도에 맞지 않게 쓰여진 원고에 대해 수정을 제안하거나 아예 기획 의도 자체를 바꾸는 일이 가장 어렵긴 하지만, 원고의 질이 최상이든 그렇지 않든 편집 방향부터 텍스트의 소소한 수정까지 진행 과정에서는 온갖 변수가 끊임

:: 2009년 2월 4일, 조선일보와 함께 하는 '책 함께 읽자' 캠페인의 일환으로, 정호승 선생님과 배우 박용수 님, 가회동 주민 여러 분을 모시고 『내 인생에 힘이 되어준 한마디』 낭독회를 가졌다.

없이 등장한다.

　그렇다면 '상상할 수 있는 최악의 변수'는? 그건 아마도 저자가 원고를 주지 않는 것이 아닐까. 게다가 연락을 끊고 잠적까지 한다면 더 끔찍한 일이 될 것이다. 저자와 협의해 기획안을 만들어 계약서에 사인까지 한 후, 안도의 한숨을 쉬는 바로 그때가 앞으로의 운명을 바꾸어 놓는 결정적 순간이다. 물론 저자에게는 글을 쓸 수 있는 시간과 여유가 필요하다. 하지만 제때 양질의 원고를 받으려면 편집자가 손을 놓고 있어서는 안 된다. 원고를 직접 진행하지 않을 때에도 저자와 친분을 쌓아 놓아야 하는 이유가 여기에 있다. 저자를 마냥 압박하지 않으면서도 동향을 파악할 수 있는 가장 좋은 방법이자, 온갖 변수에 휘둘리지 않으면서 유연하게 대처할 수 있는 가장 빠른 길은 바로 평소의 친분에서 나오므로.

현재 내가 직접 관리하는 국내 저자와 역자는 열 명 정도이다. 나와 일을 한 적이 있거나 일을 하고 있거나 앞으로 일을 하기로 되어 있는 분들이다. 저자를 관리하는 데는 귀찮게 느껴질 수 있는 일들도 따른다. 정기적으로 저자에게 연락을 하고 연말에는 연하장도 보내고, 때때로 신간도 챙겨 보낸다. 우리 출판사의 일원이니 소식을 알린다는 의미이다. 한창 출간 작업을 진행할 때는 일정과 과정을 미리 상세히 알린다. 자주 연락하고 독촉하던 출판사가 원고를 받은 후에는 연락을 끊는다며 서운해하는 저자와 역자를 자주 보았다. 사실 일정에 쫓기다 보면 내 코가 석자인 나날들이 대부분이고 워낙 이직이 잦은 곳이다 보니 일면식도 없는 저자의 원고를 받는 경우도 부지기수다. 게다가 출간 일정은 어찌나 변화무쌍한지. 하지만 그분들도 편집자들의 이러한 고충을 다 아시기에(라고 생각하고) 가래로 막을 일을 호미로 막자는 마음으로 전화를 걸어 인사를 하고 미주알고주알 궁금증을 풀어드린다. 물론 저자 관리의 왕도는 직접 만나는 것이다.

신간이 출간된 후에는 언론사에서 들어오는 저자 인터뷰나 강연 요청 등을 요령 있게 전달한다. 강연료가 책정되지 않는 경우도 많이 있고, 이제 막 긴 작업을 마친 저자의 피로도 헤아려야 하기에 늘 조심스러운 순간이다. 하지만 행사의 목적과 의뢰 경로를 자세히 알리고 판매와 연결될 수 있는 부분을 설명해 드리면 어떤 저자든 자식 같은 책을 위해 발로 뛰게 되어 있다는 걸 몇 번의 미숙했던(가끔은 성공적이었던) 경험을 통해 배울 수 있었다.

재쇄를 찍을 때는 매번 연락을 해서 혹시 수정 사항이 없는지 확인하고, 더 이상 수정할 것이 없다고 하더라도 샘플은 보내야 한다. 작업이 끝난 지 오래고 지금은 다른 출판사와 함께 일하고 있는 저자에게도 마찬가지다. 인세 지급은 편집부가 아닌 다른 부서에서 담당하는 출판사가 많지만, 그렇더라도 편집자는 인세가 제대로 나가고 있는지 가끔씩 확인해야 한다. 인세 고지를 빠짐없이 보내기 위해 저자의 주소나 연락처, 계좌 변동 사항을 파악하는 것도 편집자의 몫이다.

신문이나 무가지, 잡지에 책 광고를 낼 경우에는 광고가 게재된 날에 연락을 해서 이렇게 홍보하고 있다고 알린다. 저자나 작품에 관한 신문기사를 챙겨보는 일도 게을리할 수 없다. 설혹 다른 출판사의 책과 관련된 것이라도 알아 두었다가 다음에 이를 언급하면서 이야기를 풀어나갈 수 있기 때문이다. 저자 본인의 생일부터 주위 사람들의 장례식에 이르기까지 크고 작은 경조사를 챙기는 것도 편집자의 중요한 일이다.

해외 저자에게 말 걸기

실시간으로 관리해야 하는 국내 저자 관리가 끝나면 '과도한 시차'로 인해 짧게는 하루, 길게는 몇 주나 몇 달의 간격을 두고 작업하게 되는 해외 저작권 업무를 챙길 차례다. 편집자에게 가장 중요한 일이자 어마어마한 스트레스를 주는 '검토'를 짬짬이 하면서 진행 중인 번역서를 챙긴다.

해외 저작권 관리는 사실, 조심스럽고 까다로운 일이다. 그래서 회사에 저작권 담당자나 담당 부서가 따로 있는 경우가 대부분이다. 저작권 에이전시에 어느 정도 업무를 맡기는 출판사도 많은데, 이들의 업무량은 상상을 초월할 만큼 많다. 출판사에 좋은 책을 소개하고 오퍼를 조율하는 것을 시작으로, 계약서를 작성해서 책이 출간되기까지 필요

:: 우화집 『달나라 도둑』을 낸 김주영 선생님(아래)이 2009년 5월 21일 SBS 라디오 프로그램 〈책하고 놀자〉에 출연했다. 김주영 선생님 뒤는 김영사 홍보 담당 고현경 팀장, 왼쪽이 나.

한 크고 작은 사항들이 모두 이들의 손을 거쳐 이루어지니 말이다. 외국 작가들도 문학 에이전트 혹은 에이전시와 일을 하는 경우가 많은데, 이들의 역할은 국내 업체와 비슷하면서도 차이가 있다. 작가를 관리해 양질의 작품을 쓰도록 하고 적절한 시기에 적절한 출판사에서 출간되도록 유도하며 더러는 편집 업무에도 관여한다.(외국 영화나 소설에서 '뉴욕 한가운데에 있는 럭셔리한 고층빌딩'에 변호사, 증권사 사무실 등과 더불어 '문학 에이전트 사무실'이 위치해 있다는 묘사를 볼 때가 가끔 있다. 출판에 대한 위상 차이를 느껴 간혹 주눅이 들기도 하지만, 내가 하는 일이 진정 세상을 새롭게 하는 멋진 일이라는 마음에는 변함이 없다.) 국내 에이전시들은 외국 출판사는 물론 문학 에이전시와도 친분을 갖고 있다. 따라서 편집자는 관심 있는 작품의 판권을 문의할 때, 이미 타계한 작가의 작품이라고 해도 망설이지 않고 적극적으로 문을 두드리면 의외의 결과를 얻을 수 있다. 좋은 책은 나만 보고 있는 것이 아니니, 재빠르게 관심을 표명해 두는 일이 무엇보다 중요하다고 생각한다.

외국 작가와 저작권 관리에서는 편집자가 직접 처리할 일이 많지 않다. 하지만 에이전시에서 검토서를 보내 주고 저작권 업무를 대행해 준다고 해서, 콘텐츠가 넘쳐나는 시대에 편집자가 손 놓고 있을 수만은 없지 않은가. 인터넷의 힘을 빌리면 외국에서 인기를 얻고 있는 작품들을 발 빠르게 찾아볼 수 있다. 아마존 순위권 도서나 『뉴욕타임스』 베스트셀러 목록을 확인해 시놉시스를 찾아 읽는 것도 좋지만, 거기에 더해 작고 개성 있는 인디 서점의 추천작, 권위 있는 서평지에서 다루는 작품들, 크고 작은 문학상 수상작까지 살피다 보면 곳곳에 숨은 빛나는 진주를 캘 수 있다.

국내 저자뿐만 아니라 외국 저자와의 관계도 역시 '교감'에서 시작되어야 한다고 나는 믿고 있다. 그래야 내가 맡고 있는 작품을 더 잘 이해하고 더 많이 사랑하게 되니까. 내가 아는 어느 편집자는 한국어판에 들어갈 특별부록을 만들고 싶어서 '혹시나' 하는 마음으로 외국 저자에게 이메일을 띄운 적이 있다. 그런데 얼마 후 멋진 글과 그림이 국제택배로, 정말이지 마법처럼 도착했다. 그들은 이제 서로 안부까지 주고받는 사이가 됐다고 한다.

이렇게까지 과감하지 못한 나는 보통 부지런히 '눈팅'만 하곤 한다. 외국 저자들은 대부분 홈페이지나 블로그를 운영하고 있는데, 구글이나 알타비스타 같은 검색 사이트를 통해 어렵지 않게 그들의 '아지트'를 찾아낼 수 있다. 저자나 문학 에이전트가 부지런히 올리는 최신 인터뷰나 뉴스를 챙겨 보고 근황을 파악하다 보면 유용한 마케팅 요소도 찾을 수 있다. 이미 한국어판을 출간했거나 옵션(우선 선택권)을 보유하고 있는 저자라면 더욱 소식에 귀를 기울여야 한다. '미국판 싸이월드'라 할 수 있는 페이스북닷컴(www.facebook.com)이나 트위터(twitter.com), 마이스페이스(www.myspace.com)를 통해 그들의 근황을 파악할 수 있다. 비정기적으로 올라오는 좋은 서평이나 인터뷰 기사 등을 그때그때 보려면 저자와 '일촌'을 맺으면 된다. 한때 외국 작가에게 '일촌 신청'을 해 놓고 거절당할까 봐 걱정한 적이 있는데, 기우였다. 작가들은 대부분 알지도 못하는 엄청난 수의 일촌들을 거느리고 있기에 일촌 인심이 후하며, 블로그나 홈페이지에 올리는 정보들도 꽤 유용하고 재미있다. 저명하든 아니든 좋은 저자라면 누구나 마음의 문을 활짝 열고 독자와 교감하기를 원한다는 사실을 새삼 깨닫는 순간이었다. 그러므로 작품에 궁금한 점이 있을 때, 혹은 정말 멋진 작품을 만났을 때는 저자에게 직접 질문을 하거나 감상을 남기는 것도 좋다. 유창하지 않은 외국어를 쓰는 게 겸연쩍고, 모르는 이에게 말 걸기가 창피하면 좀 어떤가. 우리 편집자야말로 한국어판의 '첫 독자'라는 자부심이 있는데 말이다.

인연의 '비비디바비디 부'

이렇게 써 놓고 보니 내가 대단히 많은 일을 한다고 자랑한 것 같아 좀 쑥스럽기도 하다. 간혹 '편집자'는 대체 뭘 하냐고 물어오는 사람들이 있다. 글은 작가가 쓰고 그림은 화가가 그리며, 디자인은 디자이너가 하고 인쇄는 기계가 하는데 대체 편집자는 무엇을 하냐는 이야기이다. 이런 질문을 받을 때마다 나는 매우 기꺼운 마음으로 대답한다. 편집자는 책을 만드는 복잡한 과정 전체를 계획하면서, 앞에서 나온 것들 외의 '모든 것'을 한다고. 생각해 보면 그 '모든 것'에서 가장 큰 비중을 차지하는 것이 바로 저자와 저작권을 관리하는 일이 아닐까 싶다.

전화번호부를 열어 살펴본다. 아직 편집자랍시고 당당히 명함을 내밀기에는 부족한 나도 꽤 많은 사람들을 만났구나 싶어 뿌듯해진다. "시인, ○○의 저자, 학교 선배임", "영어권 역자, ○○○건으로 접촉, 문체는 재기발랄"과 같은 보물 같은 메모도 삐뚤빼뚤 적혀 있다. 그중에는 이름만 대면 누구나 단번에 알 만한 사람도 있고, 곧 그렇게 될 것 같은 사람도 있으며, 이제 막 저자로서 경력을 쌓기 시작한 이도 있다. 또 이런저런 사정으로 우리 출판사와는 더 이상 일을 하지 않는 저자도 있다. 어쨌든 중요한 건 사람이 곧 재산이라는 마음가짐이다.

자신의 분신과도 같은 작품을 편집자에게 보내 놓고 긴장하지 않는 작가는 없을 것이다. 편집자는 저자의 마음을, 그중에서도 가장 내밀한 부분을 세상에 내어놓는 사람이다. '글'을 가지고 소통하기에 그 글의 주인인 저자와의 인연을 중히 여기고 그의 지적 재산권도 지켜 주어야 한다. 모든 직업이 그렇겠지만 편집자에게는 더더욱 한 번 맺은 인연을 정성껏 이어가려는 노력이 필요하다. 인연이란, 호박을 황금마차로 바꾸는 '비비디바비디 부'의 요술보다 더 놀라운 마법을 부린다는 사실을 선배들을 보며 배웠고 나의 짧은 경력 속에서도 어렴풋이 그 위력을 실감하고 있다. 그래서 나는 오늘도 책 속에 펼쳐진 작은 세계를 탐험하며, 전화기를 들고 발품을 팔고 구글을 클릭하고 사전을 펼친다.

저자의 목소리를 온전히 전한다

| 김희중 |

새파랗게 젊은 나이에 출판계에 들어와서 3년을 일했지만 아직도 새파랗게 젊다. 원래 전형적인 문·사·철 지향의 인문학도였지만, 자연 과학 분야 책을 주로 내는 출판사인 지호에서 난생 처음 보는 양자 역학이니 게놈이니 하는 말들과 씨름하고 있다. 그래도 일이 예상 외로 재밌고 흥미로워서 즐겁게 지내고 있는 중. 요즘은 어떻게 해야 사람들이 책을 더 많이 읽을지를 고민하고 있다.

편집자의 하고 많은 업무 중에 내가 가장 많은 시간을 들이는 일은 텍스트 가공이다. 어제도 오늘도 원고를 읽어 가며 잘못 쓰인 용어, 이상한 문장, 거슬리는 표현 들을 바꾸고 다듬어 멋지게 만든다.(또는 그러려고 노력한다.) 난 텍스트 가공에 자부심을 느낀다. 어떠한 좋은 기획도, 어떠한 좋은 주제도 텍스트가 받쳐 주지 않는다면 의미를 잃고, 극단적인 경우 독자를 기만하는 일이 될 수도 있다. 내가 하는 일은 책의 '몸통'을 만드는 것이다. 아무리 뛰어난 편집자라 해도 평범한 글을 기막힌 명문으로 만들 수는 없다. 하지만 그것을 볼 만한 원고, 이해할 수 있는 원고로 만드는 데 한몫할 수는 있다. 저자가 책을 통해 전하고자 하는 바를 독자가 온전히 받아들일 수 있도록 만드는 것, 그것이 텍스트 가공의 일차적 목적이고 편집자의 최우선 과제가 아닐까?

이 이름은 어떻게 읽지

회사 메일로 원고가 하나 들어왔다. 좋아, 한번 검토해 보자. 기획 의도가 어쩌고저쩌고 하는 사설은 적당히 넘기고 '글'이 괜찮은가 아닌가를 먼저 보자. '번역이 나쁘지 않네'라는 생각이 드는 찰나 이상한 표현이 눈에 밟힌다. "그런 방면으로 유명한 또 한 명의 프랑스인으로는 약 150년 전에 태어난 율레스 베르네(Jules Verne)가 있다." 아니, 프랑스인 이름이 왜 '율레스 베르네'지? 이건 라틴식으로 읽은 거잖아? 'Jules Verne'가 누구이기에 이렇게 읽을까 하는 궁금증이 들어 검색해 본다.

쥘 베른(Jules Verne). 프랑스의 유명한 공상 과학 소설 작가. 아, 이러면 곤란하다. 'Jules Verne'이 누군지 모르면 최소한 찾아는 봤어야지. 이건 찾아보지도 않았다는 소리 아닌가. 이 원고는 여기서 탈락. 이렇게 기초적인 수준의 정확성도 없다면 책으로 만들기 곤란하다. 뭐, 사실 이 정도는 양반이다. 어떤 원고에서는 심지어 "예수의 아버지 조셉(Joseph)"이라는 번역도 있었다. 너무했다. 책으로 나오기 전에 발견했으니 망정이지 독자가 책을 읽다가 '율레스 베르네'나, '예수의 아버지 조셉'을 본다고 생각하면 끔찍하다. 그럴 경우 책의 내용이 아무리 좋아도 독자는 믿을 수가 없게 된다. 기독교인이라면 출판사에 항의 전화를 할 수도 있다. 책 한 권의 신뢰가 떨어지는 차원을 넘어 출판사 자체를 믿지 못하는 상황이 벌어지는 것이다.

때론 이런 실수가 정말로 일어나기도 한다. 로버트 해리스의 소설 『임페리움』에는 가울(Gaul)이라는 아리송한 지명이 나온다. 가울? 가울이라는 데가 로마 시대에 있었나? 어느 사전에서나 'Gaul'을 찾아보면 바로 답을 알 수 있다. 바로 갈리아다. 'Gaul'(영어로는 '골'이라고 발음)을 라틴 지명이랍시고 그냥 '가울'이라고 읽어 버린 것이다. 역자도 역자지만, 편집자는 대체 뭘 한 걸까? '동업자'로서 뭔가 사정이 있겠거니 하고 넘어가고 싶다가도, '가울'이 어디를 말하는 건지 찾아보지 않은 건 편집자의 잘못이라는 생각을 지울 수가 없다. 정확하다고 자신할 수 없는 고유명사와 용어가 나왔을 때는 곧바로 찾아봤어야 했을 텐데.

하지만 아직 국내에 잘 알려지지 않은 인물이나 개념어의 경우에는 그렇게 하기도 쉽지 않다. 『기적을 부르는 뇌』의 원고에 "마이클 메르제니히(Michael Merzenich)"라는 인물이 나왔다. 처음에는 그냥 넘어갔다. 그런데 이 사람이 독일계 미국인이라는 구절을 발견했다. 왜 'Michael'은 영어식으로 읽으면서 'Merzenich'는 독일어식으로 읽은 걸까? 좀 더 검색해 보니 '마이클 머제니치'라고 완전히 영어식으로 읽은 경우도 있었다. 그냥 적당히 내버려 둘까도 했지만 내용상 꽤 큰 비중을 차지하는 인물이라서 어딘지 찜찜했다.

고민을 거듭하다가 결국 인터넷을 뒤져 찾아낸 'Michael Merzenich' 교수의 이메일 주소로 직접 메일을 보냈다. 짧은 영어로, 그의 이름을 마이클 조든(Michael Jordan)처럼 영어식으로 읽는지, 아니면 미하엘 슈마허(Michael Schumacher)처럼 독일어식으로 읽는지 물었다. 다행히 그는 마이클 조든처럼 읽는다고 금방 답해 주었다. 그래서 확신을 가지고 마이클 머제니치로 바꾸었다. 물론 모든 경우에 다 이럴 수는 없겠지만 필요하다면 수단과 방법을 가리지 않고 묻고 찾아내는 게 편집자의 역할이다.

이 문장은 뭔가 이상해

보통 출근해서 이메일을 확인하고 난 뒤에는 파일이나 교정지 상태의 원고를 쭉 읽어 나간다. 텍스트 가공은 읽는 것에서 시작된다. 앗, 이상한 문장을 발견했다. "안나푸르나에서 등반가 중에 아주 참을성 많은 곰돌이인 모리스 헤어조그는 어려운 상황을 겪고 난 뒤에는 항상 멈춰 서서 기운을 나게 하는 담배 한 모금을 빨았다." 곰돌이? 문장의 어색함은 둘째 치고 대체 건장한 사내(그것도 등반가)한테 깜찍한 '곰돌이'가 웬 말인가? 원문을 살펴보니 'bear'가 맞다. 그래도 곰돌이라니 너무 이상하잖은가. 그냥 '곰처럼 강한' 정도의 의미가 아닐까? 사전을 더 뒤지니 'bear'에는 곰이라는 일반적 뜻 말고도 '어떤 일을 잘 견뎌 내는 사람'이라는 뜻이 있다. 아하, 역시 그렇군. "등반가 중에 아주 참을성 많은 강골인" 정도로 바꾸면 적당하겠다.

이 문장도 이상하다. "벌새는 위험한 고비에 있는 새이다. 벌새들은 역도선수처럼 온몸이 근육으로 이루어지고 근육은 먹이를 맹렬히 태운다. 이들은 지방을 잘 만들지 못해서 많은 에너지를 비축할 수 없다." 아니, 여기서 벌새의 멸종 위기를 말하고 있는 것도 아닌데 위험한 고비에 있다는 말이 대체 왜 나올까? 원문을 찾아보니 "ragged-edge birds"였다. "ragged-edge"는 무슨 뜻일까? 영어가 짧은 편집자라서 이런 것도 사전을 찾아봐야 한다. 찾아보니 절벽의 가장자리, 극단을 의미했다. 그렇다면 아마도 이 문장은 벌새가 에너지를 아주 많이 사용하기 때문에 삶이 극단적이다, 혹은 아슬아슬하다는 뜻일 것이다. "벌새는 극단적으로 사는 새이다." 이 정도면 이해가 될 것 같다.

이런 건 사실 잘 읽어 보면 안다. 이상한 문장은 읽으면 정말 이상하고, 자연스러운 문장은 읽으면 아무 탈 없이 읽힌다. 그러면 편집자는 이상한 문장을 자연스럽게 바꾸면 된다. 문제는 어떤 게 자연스러운 문장이냐는 건데, 사실 정답은 없는 것 같다. 정말 무책임한 말이지만, 읽었을 때 좋아야 좋은 글이다. 그러니 좋은 글이 뭔지 알려면 다른 좋은 글들을 두루두루 많이 읽는 것 말고는 방법이 없어 보인다. 역시 읽기는 편집자의 가장 큰 과제이다.

원고를 꼼꼼히 읽다 보면 자신이 본래 몰랐던 내용상의 오류도 찾아낼 수 있다. 주역 해설서를 편집할 때였는데, 당시 나는 주역에 대해서는 제대로 아는 것이 하나도 없었다. 그 원고에서 곤(坤) 괘를 설명하는 내용 중에 "用九. 利永貞. 오랜 기간 이롭다는 점이다."라는 부분이 있었다. 원고를 쭉 보아하니 '九'는 흔히 말하는 '음, 양' 중에서 '양'에만 사용되는 글자였는데, 곤 괘는 '음'이라고 나와 있었다. 곤 괘가 음이라면 내용상 '九'가 아니라 '六'을 써야 할 것 같았다. 그래서 주역 원문을 찾아보니 아니나 다를까 '用六'이 맞았다. 이렇게 글 안에 답이 있는 경우도 많기에 편집자는 누구보다 눈이 밝아야 한다.

이게 맞는 내용인가

"약 3억 5,000만 년 전에 광합성이 등장하면서 우리가 아는 생명이 시작되었다." 좋아, 아무 문제 없다. 문법적으로도 잘못된 점이 없고, 어색하지도 않다. 넘어갈까? 한 번 더 읽어 본다. 3억 5,000만 년 전 생명 시작……? 어라, 보통 '생명 40억 년의 비밀'이라고 하지 않나? 그런 제목의 책도 있는 것 같고. 공룡도 1억 5,000만 년 전에 활동했다고 하는데 3억 5,000만 년 전에 광합성이 등장했다는 건 무리 아닌가? 원서를 확인해 봤다. "350 million years ago." 3억 5,000만 년 전이 맞는데. 아무래도 이상하다. 다른 과학책을 뒤져 보니 광합성은 35억 년 전에 출현했다는 것이 정설이란다.

아마 원저자가 단위를 실수했는데 원서의 편집자가 그냥 넘어간 모양이다. 그리고 번역자도 지나치고. 나마저 그냥 넘어갔다가는 잘못된 정보를 독자에게 전할 뻔했다. 여기서 잡아내서 다행이다. 이런 경우엔 원문을 대조해 봐도 해결할 수 없다. 편집자의 배경 지식에 의존해야 한다. 저자가 하는 말이 언제나 옳은 게 아니고, 원서라고 해서 오류가 없는 것도 아니다.

이것도 잘못된 것 같다. "빨간색/초록색 시각 색소의 중복은 구세계 영장류와 신세계 영장류가 갈라진 이후에 일어났음이 분명하다. 약 3,000만 년에서 4,000만 년 전, 아프리카와 남아메리카 대륙이 지질 변동으로 갈라진 직후에 일어난 것으로 보인다." 내 상식으로 아프리카와 남아메리카의 분리는 적어도 1억 5,000만 년 전쯤에 있던 일이다. 원문도 "shortly after"라고 돼 있지만, 아무리 그래도 1억 5,000만 년과 3,000만 년의 간격을 '직후'라고 표현할 수는 없다. 여러 과학책을 참조하고 몇 명에게 물어봐서 확신을 얻은 후 과감히 "구대륙 영장류와 신대륙 영장류의 분화는 아프리카와 남아메리카 대륙이 지각 변동으로 갈라지고 나서 약 3,000만 년에서 4,000만 년 전에 일어난 것으로 보인다."로 바꾸었다. 이런 오류를 잡아낼 때마다 편집자의 역할을 했다는 생각에 조금 우쭐해진다.

앗, 불현듯 실수의 기억이 떠오른다. 독자에게 메일을 받았다. "『에덴의 진화』에서 '사람속은 통상적으로 약 2,500만 년 전에 출현한 것이 분명하다고 간주된다.'고 적혀 있는데 이건 250만 년을 잘못 쓴 것 아닌가요?" 헉. 맞다. 사람속(오스트랄로피테쿠스 계통을 말함)은 250만 년 전에 출현했다고 알려져 있다. 2,500만 년은 너무 옛날이다. 원서를 확인해 봤다. "2.5 million years." 변명할 수 없는 편집자의 실수다. 이런 오류를 책이 출간되고 나서야 독자의 제보로 알게 되다니. 지금도 얼굴이 화끈거린다. 광범위한 배경 지식을 갖추고, 날을 세워서, 모든 것을 의심해 가며 텍스트를 대하지 않으면 반드시 실수를 하게 된다.

텍스트를 넘어서

때로 편집자는 주어진 문장을 고치는 수준을 넘어서는 에디터십을 발휘해야 할 필요도 있다. 한자 학습서인 『화풀이 한자』를 편집할 때의 일이다. '女'(여자 녀)자를 설명하면서 저자가 '처녀(處女)'를 예로 들었다. "남자와 접하지 않았다는 것에 빗대어 處女林(처녀림), 處女地(처녀지), 處女飛行(처녀비행)처럼 어떤 일을 처음으로 하는 경우나 사람의 손길이 미친 적이 없는 상태를 의미하는 데도 사용한다." 순간, 말할 수 없이 답답해졌다. 비록 이 단어들이 관습화되어 자주 사용되기는 하지만, 양성평등의 관점에서 올바르지 않다. 더구나 독자가 청소년인 한자 학습서에 이런 시대착오적인 설명이 바람직할까? 결국 저자에게 요청하여 이 설명은 다른 내용으로 교체했다.

독자에게 추가 설명이 필요한 경우도 있다. 허블 우주망원경과 우주 관측 이야기를 다룬 『허블의 그림자』를 편집할 때였다. 원서가 발간됐을 무렵에는 노후한 허블 우주망원경의 수리·보수 작업이 위험하다

:: 『허블의 그림자』 표지와 허블 망원경 사진(오른쪽). 2009년 5월에 허블 우주망원경의 수리가 성공적으로 끝났다. 책을 만들면서 이 우주망원경이 지상의 망원경으로는 결코 볼 수 없는 먼 우주의 광경을 보여줌으로써 천체 물리학 발전에 결정적인 공헌을 한다는 사실을 배울 수 있었다. 편집자의 큰 장점 중 하나는 이렇게 새로운 지식을 계속 쌓아나갈 수 있다는 점이다.

는 이유로 나사(NASA)가 허블 우주망원경을 폐기하려던 시점이었다. 따라서 책 전반에 그런 결정에 대한 우려가 강하게 드러나 있었다. 그러나 내가 한국어판 편집 작업을 할 때에는 나사가 과학계의 반대 의견을 받아들여 우주선을 보내 망원경을 수리하는 쪽으로 결정을 바꾼 뒤였다. 이런 저간의 사정을 독자에게 알려야 제대로 된 정보를 전달하는 것이란 생각이 들어 책 앞부분에 주석을 달았다.

사실 이런 것은 편집자 개인의 판단이 매우 중요하다. 『세계의 과학자 12인, 과학과 세상을 말하다』에 한 과학자가 배아 줄기세포 연구를 옹호하는 부분이 있었다. 그는 성체 줄기세포로는 치료에 한계가 있으며, 수정란은 아직 인간으로 볼 수 없기 때문에 배아 줄기세포 연구를 더욱 활발하게 해야 한다고 주장하며 반대자들을 비난했다. 내 생각에 이 주장은 지나치게 한쪽 의견만 내세우고 있었다. 배아 줄기세포를 만들려면 필연적으로 난자를 대량 채취해야 하기 때문에 여성의 건강을 해칠 수 있고, 난자 불법 매매 같은 일도 생길 수 있다. 그 때문에 현재는 성체 줄기세포가 더욱 각광받고 있다. 나는 책에 균형을 맞춰 주고 싶었다. 그래서 역자와 상의해 이 내용을 주석으로 첨가했다. 나의 선택이 전적으로 옳다고 말할 수는 없다. 책에 나 개인의 성향이 깊이 개입했고 다른 편집자라면 다르게 대응했을 수도 있다. 정답은 없다. 그저 최선을 다해 글의 완성도를 높일 뿐이다. 텍스트에 끊임없이 개입하고 부족한 부분을 채워 놓으려 하는 것, 나는 그것이 텍스트 가공을 하는 편집자의 기본 마음가짐이라고 생각한다.

꽃보다 책

| 박성훈 |

강원도 묵호에서 태어났다. 대학에 진학하면서 서울 생활을 시작한 촌놈이다. 대학 공부를 중간에 그만두고 겉멋으로 화물차를 몰았다. 그때 돌아다녔던 동해안 7번 국도를 가슴에 품고 산다. 4년 정도의 일탈을 뒤로 하고 대학을 무사히 졸업한 뒤, 서울출판예비학교 편집자 과정을 수료했다. 지금은 (주)도서출판 세계사 문학팀에서 문학 계간지와 단행본 편집을 하면서 제작 업무도 병행하고 있다.

번역을 마친 원고 뭉치를 읽다가 사무실 밖으로 나왔다. 멀리 한강 너머로 노을이 지고 있었다. 전형적인 편집자답게 한 손에는 커피, 한 손에는 담배를 들고 테이블에 놓인 프랑스어 원서를 물끄러미 바라보았다.

아무런 장식도 없는 크라프트지(표백하지 않은 크라프트 펄프로 만들어 잘 찢어지지 않고 튼튼한 갈색 종이)에 제목과 저자 이름만 덩그러니 인쇄된 원서는 밋밋하기 짝이 없었다.(사실 개인적으로는 이런 심심한 표지를 더 좋아하지만.) 그나마 책 절반 정도 크기의 띠지에 인쇄된 클림트의 〈다나에〉만이 고혹적인 자세로 독자를 유혹하는 것 같았다. 머릿속은 여전히 복잡했다. 식은 커피만 괜히 노려보았다.

머릿속에 그리는 책의 모습

사실 이 책을 처음 맡았을 때부터 기분이 썩 좋진 않았다. 중간에 번역자가 바뀌었는데 바뀐 번역자는 출판 번역이 처음이었다. 담당하던 편집자가 갑자기 퇴사하는 바람에 본의 아니게 내가 떠맡게 된 것이었다. 더군다나 프랑스 출판사와 계약을 한 후 저자가 느닷없이 세상을 떴다. 그가 유명하다면야(저자에게는 죄송한 말씀이지만) 마케팅 쪽에서는 오히려 환영이겠지만, 국내 독자들에게 너무 생소한 분이기에 그의 죽음은 안타깝기만 했다. 엎친 데 덮친 격이었다. 평소 청소를 하지 않다가 6개월 만에 어쩔 수 없이 집 안 청소를 시작해야 하는 사람의 심정이 이와 비슷할까?

아무튼 초벌 번역이 끝난 이 책의 원고는 지금 내 손에 있다. 그리고 늘 그랬듯이 원고를 검토하면서 녀석의 완성된 모습을 그리던 중이었다. 만약 한 권의 책으로 세상에 나올 때까지 이 녀석을 사랑하지 못한다면, 내 인생의 한 부분이 아무 의미 없이 사라질 것이다. 어쩔 수 없었다. 녀석을 사랑하기 위해서는 녀석의 모습을 최대한 구체적으로 그려야 했다. 처음 떠맡았을 때의 찜찜한 기분을 버리고, 수백 페이지나 되는 녀석의 몸통(?)을 그려 본다. 한 장 한 장 살며시 넘어가는 책장과 그때 풍길 잉크 냄새까지.

사무실 책상 앞에 앉아 스탠드 불빛을 받으며 편집계획서를 작성했다. 녀석은 사륙판(127×188mm)의 양장(책을 튼튼하게 실로 엮어 표지에 접착시키는 방법)이 될 것이다. 국판(152×218mm)에 가까운 원서보다 더 아담한 크기, 그리고 소설의 최대 독자인 여성들이 좋아할 만한 색감과 일러스트로 디자인한 표지에 얇고 앙증맞은 띠지를 두를 것이다. 판형

(책의 치수와 모양)이 작은 만큼 본문은 처음 예상보다 페이지가 늘 것이고, 더구나 양장이니까 가볍고 두꺼운 이라이트지보다는 얇은 미색모조지를 써서 책의 두께를 줄일 것이다. 예상 제작비도 생각보다 많이 나오지 않았다. 다음 날 있을 편집회의에서도 무난히 통과될 듯싶었다.

편집자는 '무엇'으로 책 꼴을 주장하는가

"이거 굳이 양장으로 갈 필요가 있을까요? 원가도 줄일 겸 무선철(실을 사용하지 않고 책에 접착제를 발라 표지와 붙이는 방법)로 가죠?"

"사륙판이면 종이 손실은 없겠는데, 다만 미모(미색모조지)보다 이라이트 쪽이 낫지 않을까? 핵심 타깃이 여성 독자니까 아무래도 가볍게 만드는 게 나을 것 같은데."

번역은 잘되었다. 소설이라 본문 구성에도 별다른 문제는 없었다. 문제는 제작 사양에서 터져 나왔다. 평소 친하게 지내던 동료 편집자도 '이건 아닌 것 같은데.' 하는 분위기로 내게 강렬한 눈빛을 쏘았다.

"그건 그렇다 치고, 본문 용지는 역시 이라이트로 가는 게 좋을 것 같은데요?"

마케팅 쪽에서 다시 치고 나온다. '수많은 현장 경험으로 볼 때', '서점에서 책 고르는 독자들을 보면', '서점 MD들의 말을 들어봐도' 등의 뜻을 함의하고 있는 마케팅 쪽의 말이 곱게만 들리지는 않았다. 독자 성향, 시대의 유행도 중요하지만 사실 편집자에겐 느낌이란 게 있다. 하지만 이 부분을 설명하기엔 아직 능력이 부족했고, 달리 대응할 말도 떠오르지 않았다. 견본을 만들어 보기로 하고 결정을 잠시 미뤘

:: 출력소에서 필름을 뽑아 내용을 살피고 있다. 이 필름을 이용해 인쇄판을 만들고, 그 인쇄판에 잉크를 묻혀 종이에 인쇄를 한다. 컬러 출력물의 경우는 필름 4장이 한 세트다.

다. 그동안 회사 내부의 수많은 적(?)들을 설득할 만한 '무엇'을 찾길 바라며. 그런데 그 '무엇'이 과연 있기나 한 것일까?

시간은 잘도 흘렀다. 출판 번역이 처음이라던 번역자의 글은 예상 외로 좋았다. 새내기의 의욕까지 불타올라 교정이 거듭될수록 원고가 탄탄해졌다. 문학성이 강한 프랑스 소설이라 책 말미에 작품 해설을 넣을까 고민도 했지만, 번역자가 건네준 '옮긴이의 글'이 작품 해설로 써도 손색 없는 수준이었다.

제작 사양이 자꾸 목에 걸렸지만 편집이 순조롭게 진행되어 그나마 다행이었다. 아니, 편집이 순조롭게 진행되어 다행이었지만, 제작 사양이 자꾸 목에 걸렸다. 외집단과의 갈등이 발생하면, 내집단의 결속력이 강해진다고 했다. 태클을 걸어오는 회사 내부의 적(?)들을 생각할수록, 그리고 새내기 번역자와의 작업이 순항을 거듭할수록, 난처하게만 느

:: 본문 교정지를 살피는 모습. 특히 도판이 많이 들어가거나 4도 컬러 인쇄를 하는 경우에는 원하는 색깔이 나오는지 꼼꼼히 보아야 한다.

꺼졌던 원고에 대한 애정은 커졌다.

몇 차례 제목회의를 거쳐 책 제목이 정해졌고, 외주 작업으로 넘겼던 표지 시안도 들어왔다. 세 가지 시안은 편집 의도에 맞게 디자인이 잘 되었다. 책의 느낌을 잘 살릴 수 있는 디자이너를 깐깐하게 선정하기도 했지만, 대상 독자에 해당하는 디자이너가 책의 느낌을 잘 살려준 덕분이다. 셋 중 어느 것으로 사용해도 무난할 듯했다. 직원들 의견도 비슷해서 투표로 하나를 선택하고 조금 수정하기로 했다. 제작 사양이 또 목에 걸렸다.

그러던 차에 제본소에서 연락이 왔다. 견본이 완성되었단다. 20분쯤 떨어진 제본소에 도착하니 담당자가 친절하게 견본을 건네주었다. 미색모조지를 쓴 책은 아담한 사이즈에 두껍지 않고 수월한 느낌을 풍겼다. 아마도 골라 놓은 표지 디자인을 입히면 밝고 가벼운 느낌을 줄 것 같다. 이라이트지를 쓴 책도 나쁘지는 않지만 다소 투박한 느낌이었다. 미모 쪽의 느낌이 훨씬 강할 것 같다는 판단이 들었다. 뚜렷하지는 않지만 그토록 찾던 그 '무엇'을 찾은 기분이었다.

회의실 탁자에 견본 두 권을 놓았다. 문이 열리고 편집과 마케팅 직원들이 들어왔다. 모두 자리에 둘러앉아 견본을 주거니 받거니 하면서 살펴보았다. 나는 제본소에서 견본을 받아 보았을 때의 그 느낌을 천천히 설명했다. 그래서 결국 미모를 써야 한다고. 이윽고 한마디씩 얘기가 나왔다.

"차이가 크지는 않지만, 판형이 작아 미모를 쓴 책은 너무 가벼워 보이지 않나요?"

역시 마케팅 쪽의 반발이었다. 이어 사람들의 분위기가 심상치 않게 흐르더니, 편집부 동료들도 마케팅 쪽 의견으로 은근히 쏠리기 시작했다. 첫 번째 회의보다 더 낭패스러운 상황이 되고 말았다. 마음속에서 '그래, 사실 큰 차이도 아니잖아. 그냥 이라이트로 가자.' 하는 생각도 들었다. 그렇지만 책임편집자로서 확실한 의견을 제시하지 못했다는 점 때문에 회의 시간이 길어질수록 내 기분은 더 깊은 나락으로 곤두박질쳤다.

결국 그날 회의에서는 이라이트 종이를 쓰기로 결정이 됐다. '옳다, 그르다'의 문제는 아니지만, 살아가면서 내 의견을 관철시키는 것이 얼마나 어려운가를 다시 한 번 느꼈다. 찾았다고 생각했던 그 '무엇'을 나는 아직 찾지 못한 것일까?

어이없는 인쇄 사고

제작 사양이 확정되고, 최종 교정까지 끝났다. 디자인팀에 연락하여 파일을 출력소에 넘겼다. 필름이 나오기를 기다리는 동안 컴퓨터 모니터에 제작발주서를 띄웠다. 입력을 기다리는 수많은 빈칸들이 나를 노려보는 듯한 기분이 든다. '초판 3,000부에 홍보용이 300부, 표지 종이 수량은……, 표지는 실키카펫 용지에 4도(컬러)로 인쇄한 뒤 무광으로 라미네이팅하고, 제목은 별도로 UV(부분 코팅) 처리를 한다. 본문은 이라이트 용지에 검정색 단색으로 인쇄하고, 주의할 사항은…….' 빈칸을 모두 채웠다. 제작발주서를 지업사(종이를 생산하거나 판매하는 업체), 인쇄사, 제책사, 코팅 업체에 팩스로 보내고 확인 전화까지 마쳤다. 이제껏 계획하고 준비한 작업들이 드디어 구체적인 형태로 빚어지려 하고 있다. 편집하던 때와는 다른 느낌을 주는 순간이다. 흙으로 모양을 잘 빚어 유약을 발라 가마에 넣는 도예가의 마음처럼, 책이 잘 빚어지기를, 아무 탈 없이 세상에 나오기를 마음으로 기원한다.

필름이 도착했다. 커다란 필름에 책의 모양이 촘촘하게 박혀 있다. 글자가 깨지진 않았는지, 페이지가 순서대로 되어 있는지, 사이즈는 맞는지, 한 장 한 장 세심하게 필름을 살폈다. 필름 검판을 마무리할 즈음 전화 한 통이 왔다. 지업사였다. 표지 용지로 쓸 실키카펫은 지금 확보해 놓은 것이 없어 인쇄 일정 내에 납품이 어렵다고 했다. 대체 용지를 찾아야 했다. 이매진은 가격이 너무 비싸서, 랑데뷰나 트리파인 실크로 가는 게 좋을 것 같았다. 주간님에게 보고하고, 가격 차이가 크지 않고 물량 확보가 쉬운 랑데뷰로 바꿨다. 작은 소동으로 끝나더라도, 제작처에서 오는 전화는 가끔 가슴을 쓸어내리게 한다. 그런데 정작 큰 문제는 다음 날 터졌다.

화창한 가을 아침이었다. 바람은 시원했고, 햇빛은 포근했다. 그야말로 인쇄하기엔 딱 좋은 날이었다. 디자이너와 함께 표지 감리를 하러 인쇄소로 향했다. 커다란 소음을 내며 인쇄기가 돌기 시작했다. 인쇄기 뒤에서 들어간 종이가 네 가지 컬러가 담긴 유닛을 통과해서 인쇄되어 앞으로 나왔다. 그런데 이게 뭔가! 표지에 음영으로 엷게 깔린 바탕색이 꼭 물 빠진 세탁물처럼 얼룩져 있었다. 인쇄를 중단했다. 인쇄소 직원들과 함께 유닛도 살펴보고, 인쇄판도 조사했다. 문제는 유닛도 인쇄판도 아니었다. 필름이었다. 컬러 인쇄물은 흔히 네 장의 필름이 한 세트로 구성되는데, 어제 필름을 겹쳐 놓고 검판한 것이 잘못이었다. 바탕색이 워낙 엷어 필름 네 장이 겹쳐진 상태에서는 얼룩져 있는 걸 육안으로 확인하기 어려웠던 것이다. 급하게 출력소에 필름 재출력을 요청했다. 필름이 다시 나올 동안 띠지를 먼저 인쇄하기로 했다. 며칠 괜찮았던 목에 가시가 다시 도드라졌다.

"원래, 사고 나는 책들이 대박 나더라구요."

인쇄소 직원이 위로의 말을 건넸다. '그래, 액땜이라 생각하자.' 다시 마음을 추슬러 보았지만, 한 번 빨라진 심장 박동은 좀체 가라앉지 않았다. 다행히 띠지는 이상 없이 인쇄되었다. 이어 표지 필름이 도착하여 표지까지 무사히 인쇄를 마쳤다. 소음이 가득한 인쇄소를 벗어나자 비로소 긴장이 풀렸다. 날은 변함없이 화창했다. 문득 마케팅팀과 치렀던 '본문 용지 전쟁'이 떠올랐다. 그 일이 오늘 있었던 인쇄 사고의 전조처럼 느껴졌다. '자신이 편집한 책에 대한 편집자의 특별한 감정을 누가 알아줄까?' 이런 마음이 들자 이 책에 대한 애정은 더 커졌다. 아무튼 긴 하루가 지났다.

그 '무엇'은 책에 대한 애정

'인쇄 사건' 이후 코팅과 제본 과정은 무난하게 진행되었고, 곧 책이 완성되었다. 서점에 배본되어 멋지게 진열도 되었다. 하지만 그 책은 시장에서 참패했다. 1차 배본한 책을 제외하고 추가 주문은 거의 없었다. 그럴 때마다 느끼지만 시장은 냉정하다. 책이 실패한 원인은 물론 본문 용지로 이라이트를 써서가 아니다. 미모를 썼어도 결과는 같았으리라. 그렇다고 인쇄 사고 때문도 아니다. 사고가 났지만 잘 해결해서 제 시간에 책을 만들었고, 제 날짜에 서점에 진열했다. 제목이 문제일 수도 있고, 국내 독자들에게 너무 낯설고 지루한 내용이 문제일 수도 있다. 표지가 독자 취향에 맞지 않았을 수도 있고, 홍보나 마케팅을 잘못했을 수도 있다. 어쩌면 그저 운이 나빴는지도 모른다. 중요한 것은 모두가 최선을 다했다는 것이다.

편집자에게는 기억에 남는 책들이 있다. 나의 경우에는 베스트셀러가 되어 널리 알려진 책보다도(사실 그 정도 베스트셀러를 편집해 보지도 못했지만), 책을 편집하는 동안 마음고생을 심하게 했던 책, 이런저런 문제 때문에 꼴도 보기 싫을 것만 같았던 책들이 기억에 남는다. 인쇄 사고가 났던 그 책 역시 오랫동안 내 기억 속에 지워지지 않고 남아 있다. 오히려 내가 가장 소중하게 여기는 책 가운데 하나가 되었다.

어쩌면 내가 찾던 그 '무엇'은 바로 책에 대한 '애정'이 아닐까? 그것은 찾아야 할 것이 아니라, 길러 내는 것이리라. 비록 다른 사람들이 알아주진 않더라도, 힘들게 가꾸고 길러서 피워 낸 꽃을 사랑할 수밖에 없듯이.

동영상감독으로, 블로거로, 카피라이터로

| 권오준 |

국문학을 전공했다. 2007년 새움출판사를 통해 편집자의 세계에 입문한 뒤 문학에 푹 빠졌다가, 세상 살아
가는 기술이 궁금해 더난에 입사했다. 시집 대신 주식책과 경매책을 붙잡고 씨름하며 세상의 이치를 다시
깨닫고 있다. 가상 세계에서는 '우주편집'이라는 닉네임을 쓰며 지구처럼 빛나는 책을 만들기 위해 고군분
투하고 있다.

"고개를 더 드세요."

말이 좀 사나워졌다. 저자와 실랑이하느라 지난 한 주가 다 갔다. 쑥스러워서 동영상은 정말 찍기 싫다고 자꾸 빼는 것을 겨우 설득해 승낙을 받고, 그것도 퇴근 후에 카메라 앞에 막상 앉혀 놓고 보니 심술이 났다. "책 표지가 더 잘 보이게 살짝 들어 보세요." "책 제목을 빼먹으면 어떡해요?" "음, 조금 아쉬운데 한 번 더 갈게요." 감독이라도 된 것처럼 저자에게 이렇게 저렇게 시켜 보고 그동안 쌓인 스트레스도 풀어 본다. 고생 좀 해 보라지.

마케팅 회의에서 홍보 동영상을 찍자고 했을 때 모두 대찬성이었다. 아예 강의 CD를 만들어서 책에 붙이자는 말까지 나왔다. 내 생각은 하나였다. 저자 얼굴 덕 좀 보자는 것! 앞표지에 저자 사진을 대문짝만

하게 박았는데 동영상인들 못 찍을까. 목소리 좋고 말도 잘하니 확실히 판매에 효과가 있을 것 같았다. 온라인 서점 '저자와의 만남' 이벤트에도 쓰고, 출판사 카페에도 올리고, 동영상을 올릴 수 있는 곳이면 어디든 다 좋다. 유튜브에도 올릴 작정이었다.

그런데 정작 문제는 저자 자신이었다. 보기 드문 '훈남'인데도 유난히 쑥스러움을 탔다. 게다가 책 팔려고 들이대는 것 같아서 싫다니 조선 시대 선비라도 되는 건가. 속으로는 울화가 치밀었지만 "독자를 위한 일종의 서비스라고 생각하세요."라며 달래기를 일주일. 결국 허락을 받았다. 다행히 촬영장에 나타난 저자는 외양만큼은 준비가 완벽했다. 특히 푸른색 넥타이는 정말 센스 만점! 다만 긴장한 탓에 실수가 많았는데 두세 번 반복하자 좋아졌다. 촬영이 끝나자 갑자기 허기가 몰려왔다. 저자는 바쁘다고 후다닥 떠나고, 홀로 김밥 한 줄을 사 먹으면서 어떻게 하면 독자들에게 책을 잘 알릴 수 있을지 또 고민하기 시작한다.

마케팅 강좌를 들어 둘걸

처음 편집자가 되겠다고 출판사 문을 두드렸을 때는 책만 잘 만들면 되는 줄 알았다. 편집자라고 하면 책 만드는 사람이라고만 생각했지, 거칠게 말해서 책을 팔기도 해야 하는 사람인 줄은 전혀 몰랐다. 보통 회사에 영업부와 홍보부가 따로 있는 것처럼 출판사도 마케팅과 편집이 분리되어 있지만 그 관계는 매우 긴밀하다. 책의 기획 단계부터 시장 조사를 하고 그 결과를 반영해 콘셉트를 다듬는다. 가령 심리학 서적이 잘 나간다고 하면 시장을 주도하는 책의 성격을 분석해 차별화

:: 책을 만드는 것뿐만 아니라 파는 것도 편집자의 역할이다. 저자의 동영상 강의 CD를 덧붙이는 것은 이제 아주 흔한 마케팅 방법이 되었다.

지점을 잡는다. 2008년도에는 『서른 살이 심리학에게 묻다』(갤리온)가 심리학 책의 표적이었다. 또 마케팅팀과 상의해 판매 부수도 예상한다. 휴대전화나 화장품 같은 일반 상품이 소비자의 성향을 파악해 만들어지듯, 책도 독자의 욕구를 파악해서 만드는 게 기본이다.

　'포지셔닝'이니 'S.W.O.T 분석'이니 하는 마케팅 용어도 난 출판사에 들어와서 처음 들어 봤다. 모두 편집기획안을 만들 때 시장 조사와 함께 해야 할 것들이었다. 책이 갖고 있는 장점을 잘 살려 독자들에게 어떻게 보일 것인가? 마케팅을 모르면 기획부터 제대로 될 수가 없다. 대학 때 마케팅 수업을 들어 두었으면 좋았을걸 하는 후회가 물밀듯 밀려왔지만 어쩌겠는가? 부딪쳐서 깨닫는 수밖에.

　동영상 촬영을 한 저자는 내 또래의 재테크 전문가이다. 1년 전에 재테크 관련 첫 책을 냈는데 반응이 좋아 두 번째 책을 내게 되었다. 기획도 잘 되었고 제목도 잘 뽑았고 영업부에서도 전폭적인 지지를 해 주기로 약속했다. 이제 다 된 밥에 숟가락만 얹으면 되는 건가? 즐거운 착각에 빠진 채 공들여 쓴 보도자료와 함께 책을 언론사에 배포했다.

:: 내가 만든 책이 아무리 훌륭해 보여도 지나친 자식 자랑은 금물. 책이 너무 대단한 것처럼 보도자료를 쓰면 오히려 읽는 사람의 흥미를 반감시킬 수 있다.

주말이 가고 월요일, 화요일, 수요일…… 매일 검색창에 책 제목을 쳐보았지만 기사는 한 줄도 뜨지 않았다! 머리가 멍해진다. 기자들에게 빠짐없이 자료도 보냈고 책도 좋은데 왜 금지옥엽 같은 내 자식을 몰라주는 걸까? 보도자료가 문제였나? 다시 찬찬히 뜯어보니 여기저기 틈이 보였다.

보도자료는 기자와 온·오프라인 서점 담당자들에게 책을 소개하는 자료로 편집자가 글 솜씨를 발휘하는 장이기도 하다. 기사나 서평에 쓸 만큼 기자가 끌리는 보도자료를 쓰는 건 쉬운 일이 아니다. 책 서평도 일종의 뉴스이다. 세상에 이런 일이 일어났다고 알려주는 것처럼, 이런 책이 나왔다고 알리는 것이다. 뉴스거리를 제보한다는 마음으로 보도자료를 써야 그것을 받은 기자도 공감할 수가 있다.

그런데 내 보도자료는 책을 너무 대단한 뉴스처럼 다루어서 흥미를 반감시켰던 것 같다. 아무리 내가 만든 책이 훌륭해 보여도 지나친 자식 자랑은 금물. 할 수 없지. 더 좋은 책들이 많았나 보다 하고 스스로 위로하며 다음 수단을 강구하는 수밖에.

우주 같은 공간, 웹을 떠도는 편집자

　기사 효과를 보지 못했으니 정말 맨바닥에서 독자들에게 내가 만든 책을 알리기 위해 최선을 다해야 한다. 돈 별로 안 들이고 홍보 효과를 볼 수 있는 기회는 놓쳤지만, 마케팅의 진짜 시작은 이제부터라고 할 수 있다. 편집자들의 마케팅 분투기가 본격적으로 펼쳐지는 것이다. 특별히 지면이나 인터넷 서점에 광고를 할 수 없다면 비용이 적게 들면서도 효과적인 마케팅 아이디어를 내야 한다. 쉽게 생각해 볼 수 있는 것이 바로 블로그 마케팅이다. 톡톡 튀는 생각과 감각만 있으면 돈 안 들이고도 홍보를 할 수 있다.

　인생 역전은 하루아침에 오는 것이 아니라 직장에 다니는 30대 초중반에 미리 준비해야 한다는 메시지를 담은 책을 내놓고 홍보에 열을 올리던 때였다. 책에 제2의 인생을 향해 힘차게 전진하도록 지혜와 용기를 주는 내용이 들어 있어 칼럼식으로 연재해도 좋겠다 싶었다. 당시 한창 오바마 바람이 불던 때라, 문득 오바마의 사진과 책 내용을 엮어 인터넷에 올리면 어떨까 하는 생각이 들었다.

　그래서 탄생한 것이 '그림자맨의 성공 이야기'. 꾸준한 노력과 실천으로 성공한 유명인의 사진에 그림자맨 캐릭터를 넣어 하나의 성공 스토리를 꾸몄다. 책에서 발췌한 내용을 넣고 직장인들이 주로 찾는 북카페, 커리어 카페의 책 소개 코너와 '좋은 말, 좋은 글' 코너에 이틀에 한 번꼴로 올렸다. 작전은 성공했다. 오바마, 김연아, 최영(한국 최초 시각 장애인 사법고시 합격자), 〈베토벤 바이러스〉의 강마에 등을 주인공으로 한 글은 사회 분위기와 맞아떨어져 많은 사람들의 눈길을 끌었다. 책을 사서 봐야겠다는 댓글이 올라왔을 때는 희열까지 느꼈다.

그때는 연간 클릭수 1만 확보를 새해 목표로 잡기도 했다. 하지만 블로그를 운영하는 사람은 다 알 것이다. 날마다 글을 올리는 것이 얼마나 힘든지. 자신이 만든 책에 대한 애정과 관심이 없다면 노동이 되어 버리고 만다. 인터넷 마케팅을 위한 글쓰기는 먼저 자신이 즐겁게 할 수 있어야 한다. 돈 안 들이고 내 정성과 시간을 투자해 얻는 이차적인 홍보이기 때문에 더더욱 그렇다. 올해 1만 클릭의 꿈은 접었지만, 그래도 인기 있는 파워블로거 편집자가 되고 싶다. 그래서 내 아이디도 '우주편집'이다. '우주 같은 공간, 웹을 떠도는 편집자'.

독자를 끌어당기는 카피

새 재테크 서적에 대해선 영업부도 기대가 커 신문 광고와 인터넷 서점 광고가 줄줄이 잡혔다. 이 정도면 광고비가 한두 푼이 아니다. 기대가 큰 만큼 부담도 커진다. 독자를 끌어당길 광고문을 짜기 위해 머리를 싸매고 고민에 들어간다.

때로는 광고 문안을 만드는 일이 책 제목을 짓는 것보다 더 힘들다. 그동안 스크랩해 둔 타사의 신문 광고도 살펴보고 『카피 쓰는 기술』(스마트비즈니스) 같은 책도 펼쳐 본다. 내 생애 첫 광고는, 『월스트리트저널』 기자가 신흥 부자들의 삶을 추적한 책의 5단 신문 광고였다. 메인 카피로 "당신도 부자가 되고 싶다면 이 책을 펼쳐라! 이 여름 소설보다 재밌는 부의 세계로의 여행"이라고 써서 들고 갔다가 가차 없이 다시 쓰라는 말을 들어야 했다. 나는 전날부터 고민해서 쓴 건데. 절치부심, 결국 세 번째에야 통과됐다. 한 줄에 울고 웃는 광고 카피라이터의 고

뇌를 그때 조금 알 것 같았다.

이번에는 머릿속에 그림을 그려 본다. 왼편에는 잘생긴 저자 사진을 크게 넣고, 메인카피는 하반기의 투자 환경이 좋아질 테니 희망을 갖자는 느낌으로 쓰고, 그 위에는 베스트셀러 저자의 새 책이라는 점을 강조하면 어떨까. 그리고 '출간 즉시 베스트셀러'라는 문구를 책 모서리에 쾅 박을 수 있으면 좋을 텐데.

그러고 보니 회사에서 '올해의 카피' 같은 상을 제정해서 주면 좋겠다. 편집자에게 줄 상을 하나씩 꼽아 보면 꽤 많을 것 같다. 기획상, 교정·교열상, 편집상, 광고상, 베스트셀러상, 최고의 저자 섭외, 올해의 제목, 올해의 카피 등등. 이쯤 되면 정말 편집자가 만능인처럼 느껴진다. 올해 이 많은 상 중에서 하나라도 내가 차지할 수 있다면 좋으련만.

책의 '무게'를 느낄 때

편집자는 이제 에디터의 자질뿐 아니라 마케터의 자질도 필요하다. 그만큼 내용보다 포장이 중요한 시대가 되었고, 경쟁도 치열해졌다. 내가 처음 다녔던 출판사는 사장님, 디자이너, 영업자, 그리고 편집자인 나, 이렇게 네 식구가 석 달에 두 권 정도의 책을 내는 인문 출판사였다. 모두들 열심히 일했지만 책은 생각만큼 나가지 않았다. 기대했던 책이 시장에서 퇴짜를 맞고 급기야 영업부장이 그만두고 말았다. 제작까지 마치고 입고만 기다리던 신간을 서점으로 들고 뛸 사람이 없었다. 내가 나섰다. 책이 나오자마자 보도자료와 책을 챙겨서 먼저 광화문에 있는 주요 서점 세 곳을 돌았다. 코너 담당자와는 일면식도 없었기 때문에 강한 인상을 남길 필요가 있었다. 근처 약국에서 비타민C 음료를 한 상자씩 사들고 갔다. 편집자라고 박혀 있는 명함을 내밀고 짤막한 책 소개가 끝나면 비장의 무기인 비타민C를 내밀었다. 모두들 작은 선물을 받고 웃었다. 그렇게 오프라인 서점을 돌고 온라인 서점 예스24, 인터파크, 알라딘의 담당 MD를 찾아가 인사했다.

그날 옆에서 보았던 출판영업자들의 모습은 아직도 잊지 못한다. 말쑥하게 옷을 차려입고 자사의 책을 홍보하기 위해 이른 아침부터 찾아와 담당 MD를 기다리던 그들은, 인사에서 책 소개까지 모두 능숙했다. 하루에도 수십 명의 출판영업자들이 회사의 사활을 걸고 그곳에 다녀가고 있었다. 반면 난 아무것도 모르는 애송이 편집자요 마케터였다. 자신이 편집한 책을, 허름한 옷차림으로 홀로 홍보까지 하러 다녀야 하는 내 처지를 생각하니 눈물이 나려고 했다. 더군다나 잘 팔리지도 않을 게 뻔한 책을……. 회사로 돌아가는 길, 새 책들로 두둑했던 가방이 텅 빈 것을 보면서 나는 책의 진짜 무게를 실감할 수 있었다.

편집자로서 겪어야 할 일이 아직 많지만, 내가 정성껏 힘들게 만든 책을 독자들이 몰라주는 것만큼 속상한 일은 없는 것 같다. 지하철로 출·퇴근을 할 때 내가 만든 책을 보고 있는 독자를 보면 괜히 말 한번 걸어 보고 싶어진다. 이 책의 어떤 점에 끌려서 지갑을 열게 되셨나요? 십중팔구 제목이 좋아서, 카피에 끌려서, 목차가 괜찮아 보여서라는 대답이 나올 것이다. 그럼 난 "책 보는 안목이 있으시네요. 내용도 선생님이 생각한 것만큼 좋답니다."라고 말을 할 것이다.

책이라도 잘 만들어
그 품에 안기고 싶다

| 이우희 |

스물여섯에 대학에 들어가고 서른하나에 편집자가 되었다. 편집자가 되기 전 IT 분야에서 웹디자이너와 함께 책을 만들다가 출판계로 넘어왔다. 또 그 전에는 일본의 시골 고등학교에서 한국어를 가르치기도 했다. 지금은 두리미디어에서 편집장을 맡고 있다. 책 만드는 틈틈이 일본 고전 소설 『요시츠네』와 『경영학 무작정 따라하기』를 우리말로 옮겼고, 『그녀를 위한 한국어』를 일본에서 펴냈다.

"좀 약한 것 같은데요."

마케팅팀장이 표지 시안을 만지작거리며 말을 에두른다. 약하면 어쩌라고? 마땅한 수정 방향이나 대안 없이 그저 표지가 마음에 안 들 때면 흔히 나오는 대사다. 표지는 모두 내부 디자이너의 손을 거쳤다. 마케팅팀은 편집부에서 미는 표지를 포함하여 세 가지 시안 모두에 부정적이다. 주력 도서이긴 하지만 두어 차례 수정을 거쳤고 일정을 미룰 처지도 아니었다. 무엇보다 디자이너를 교체하지 않는 한, 더 이상 색다른 표지를 기대하기도 어렵다.

"글쎄요. 책 콘셉트를 생각하면 이게 가장 맞는 거 같은데, 여기 이 표지는 왠지 모르게 시선을 끄는 힘이 있습니다."

일단 마케팅팀 의견에 제동부터 걸고 본다. 회의 들어오기 전에 편집부 안을 밀어 달라고 부탁까지 했건만……. 사실 시선을 끄는 힘이란 말도 공허하기는 마찬가지다. 더욱이 책 판매를 위해서라면 일정을 한두 주 늦추거나 디자이너를 교체하는 건 큰 문제가 되지 않는다. 적어도 출판사 오너 입장에서는 그렇다. 디자이너가 상처를 받든 말든 말이다.

온전히 표지의 힘만으로 팔리는 책은 세상에 없지만 잘된 표지는 분명히 있다. 저자나 제목, 그림 등의 각 요소가 한데 어우러지든 어찌하든 독자에게 기대감을 갖게 하는 표지, 덧붙이자면 독자와의 '눈싸움'에서 지지 않을 표지쯤 되겠다. 눈싸움에서 지는 순간 독자는 금세 다른 표지로 시선을 옮긴다.

세상을 살아가는 데 눈싸움이 중요하다는 사실은 소싯적에 일찌감치 깨달았다. 중학교에 갓 들어갔으니 1983년 언저리, 가을이면 도토리를 주워다 한 되에 1,000원을 받고 팔던 때였다. 그날도 도토리를 찾아서 몸을 수그리고 산기슭을 걷는데 코앞에 뱀이 한 마리 있는 게 아닌가. 순간 나도 놀라고 그놈도 놀랐다. 대가리가 삼각형, 이름은 모르겠지만 독사임에 틀림없었다. 몸을 치켜들더니 놈은 미동조차 없었고 나도 허리를 숙인 채로 노려보았다. 눈싸움, 무섭긴 하지만 먼저 눈을 돌리는 쪽이 지는 것이다. 결과는? 꼬리를 보인 놈의 목덜미를 밟아서는 결국 5,000원에 팔 수 있었다. 5,000원이면 시골 극장을 혼자서 세 번이나 가고도 자장면 한 그릇 값이 떨어지던 때였다. 그때의 경험 때문일까. 편집자가 되고 나서도 책이나 교정지를 노려보는 습관이 생긴 것 같다.

책과 사람살이는 어딘가 모르게 닮았다. 세상에 처음 자식을 내보내는 심정으로 책을 만드는 거야 어느 편집자든 매한가지일 터인데, 그

:: 편집부에서 밀었던 표지(왼쪽)와 나중에 마케팅 의견을 반영해 만든 표지(오른쪽). 편집과 마케팅의 관계가 좋아야 책에도 좋은 영향을 미친다.

렇게 달마다 한두 권씩 마감하면서 문득 드는 생각! 이렇게 살다가 나도 책처럼 한 세상 마감하는 건 아닐까…….

표지 시안을 둘러싼 신경전

일주일 중 스트레스가 가장 심한 날은 월요일이다. 하루 중 절반을 회의로 허비하는데다가 타 부서와든 팀원들끼리든 밀고 당길 일들이 이날 하루에 몰린다. 10시에 시작하는 팀장 회의 때문에 준비해야 할 것들은 왜 그리 많은가. 한 주간 책 판매 동향과 언론 보도 점검, 편집 중인 책들의 진행 상황 파악과 조정, 제작 일정 짜기 외에 지난 일주일치 업무의 뒤치다꺼리를 하려면 원고 들여다볼 시간은 엄두도 못 낸다. 손님이라도 찾아와 두어 시간 머물다 가고 나면 하루 일과는 더욱 꼬인다.

표지 시안은 쉽사리 결론이 나지 않았다. 사장님은 아직 별 말씀이 없지만 시간을 끌수록 결론 자체가 미뤄질 가능성이 크다. 마음을 비우고 처음으로 돌아가야 한다. 일단 표지의 방향에서부터 공감을 이끌어 낸 다음 편집부도 조금 양보하여 타협하는 게 최선이다. 나의 주관이 아닌 객관적인 평가라는 느낌을 주는 것도 중요하다. 회의 자리에서 사장님이나 마케팅팀과 눈싸움을 할 수는 없지 않은가.

"표지는 무조건 예뻐야 한다고 다들 이야기하더라고요. 마케팅팀장님은 표지에 책을 띄울 요소가 부족하다고 생각하시는 것 같은데, 어차피 마케팅 포인트가 저자에게 있다면 표지는 눈에 띄는 쪽으로 가야 하지 않을까요?"

"임팩트가 있기는 하지만 그 때문에 오히려 표지가 무겁게 느껴질 수도 있습니다. 책에 손이 가기는 쉬워도 구매로 이어지기에는 부담스러운 거죠."

"아, 그럴 수 있겠네요. 그럼 하단의 이미지는 그대로 살리고 제목 부분의 바탕색을 빼서 좀 더 가볍게 수정해 보면 어떨까요? 반대로 무난한 표지는 제목 가독성을 높이는 방향으로 다시 잡아 보고요."

'어떨까요'라는 함정, '전부 약한 표지들'에서 '어떨까 A'와 '어떨까 B'의 구도까지는 왔다. 이제 적당한 시점에 "이걸로 가시죠." 하면 된다. 표지는 그렇게 가닥이 잡혔고 발행 부수와 정가는 마케팅팀 의견에 맞장구를 쳐 줌으로써 균형을 맞췄다. 인세 포함해서 제작 원가가 2,180원인 책의 정가를 만 원으로 할까 혹은 9,800원으로 할까 하는 문제였는데, 내가 안을 내기는 했어도 원래 마케팅의 영역이다.

편집과 마케팅은 출판사를 지탱하는 두 기둥이다. 편집자가 하루 종일 원고만 들여다보며 책의 가치를 고민한다면, 영업자는 업력이 쌓이는 가운데 장사꾼의 감각이 몸에 배게 된다. 양쪽이 관계가 좋다면 책의 가치와 상품성이라는 장점을 모아 책에 담아 낼 수 있지만, 간혹 "너희가 편집을 알아?" 또는 "너희가 시장을 알아?" 하는 식의 알력으로 이어지는 경우도 있다. 이처럼 책을 놓고 바람직하지 못한 다툼이 생기면 첫 번째 피해자는 책이다. 그다음이 독자, 그다음은 출판사 오너……. 그렇게 화살은 돌고 돌아 마지막에는 결국 편집자 자신을 향한다.

새로운 시리즈의 출발

표지에 이어 새롭게 준비하고 있는 '청소년을 위한 동서양 고전' 시리즈는 회의 때마다 도마에 오른다. 향후 3년에 걸쳐 동서양의 주요 고전 50권을 펴내는 계획이다. 2년 정도 이야기를 끌어오다가 최근에 안을 구체화시켰는데, 총 35억 원의 비용이 드는 프로젝트라서(선 출간되는 책들로 회수되는 자금의 재투자 포함) '시리즈 개발을 위한 편집 매뉴얼북'도 한 달을 공들여 따로 만들었다. 동서양 고전 시리즈로 올해의 출간 방향을 급선회한 것은 지난해에 단행본 중심으로 신간을 구성했다가 부진을 면치 못했던 게 일차적인 이유였다. 2004년 이후 매년 300퍼센트에서 10퍼센트 내외로 성장하다가 2008년에 처음으로 4퍼센트 하락을 했던 것이다. 여기에 단행본의 생명력이 더욱 짧아진 출판 환경에서 '시리즈의 힘'을 믿는 사장님의 의중과, 책 읽을 시간도 없지만 읽을 만한 책은 더더욱 없는 청소년책의 현실, 그리고 이제껏 숱한 고전들이 출판되었지만 '읽어도 무슨 이야기인지 모를 책들이 대부분'이라는 내 판단이 맞아떨어진 결과다.

회의에서는 그 밖에 편집과 제작 진행, 신간 준비 상황과 새롭게 접촉한 저자들에 대한 계약 조건 등을 보고했다. 인쇄 거래처 한 곳의 신규 거래를 대폭 줄이겠다고도 양해를 구했다. 대금 지불조건 변경 건으로 미팅을 했는데 조정이 틀어진데다가 이야기를 하는 중에 내가 갑인지 을인지 헷갈리더라는 이유를 달았다. 마지막으로 편집자 충원을 위한 면접 일정을 잡는 것으로 회의를 마쳤다.

인문 교양서를 담당할 3년차 전후의 편집자를 찾고 있는데, 지원자는 신입부터 십수 년 경력자까지 다양했다. 편집자를 뽑을 때 연차는 그리 비중을 두지 않는 편이다. 편집자 생활을 5년 정도는 해야 책 만들면서 생기는 웬만한 실수를 다 경험하게 되지만, 책의 운명을 결정짓는 것은 편집자의 실수나 연차가 아니기 때문이다. 편집자로서 정말 중요한 자질은 세상과 문장에 대한 이해, 그리고 열정이라는 게 내 생각이다. 그리고 이 같은 자질은 편집자가 되기 이전부터 쌓여 있어야 한다.

물론 편집 실무 능력을 전혀 보지 않는 것은 아니다. 먼저 자기소개서가 심하게 부실하고 맞춤법, 띄어쓰기가 잘못된 곳이 두세 군데 이상 있는 지원서는 나중에 내가 피곤해질 것이므로 가급적 걸러 냈다. 그리고 면접을 염두에 둔 지원자들은 온라인 서점 미리보기를 통해, 진행했던 책들의 목차 구성, 윤문과 교정·교열 상태, 카피 등을 확인했다. 신입 지원자도 몇 명 있었는데, 책을 정말 좋아한다거나 열심히 하겠다는 말 외에는 딱히 볼 게 없어서 면접에서 제외했다.

:: 정원은 꽃으로, 집은 책으로 채워라! 올 봄에 출판사 마당에 작은 꽃밭을 만들었다. 꽃밭 가운데의 흐릿한 푯말은 고 노무현 전 대통령을 기리는 콘서트 '다시 바람이 분다'의 포스터.

책 만들면서 팀원들은 행복했을까

팀장 회의를 전후해서는 편집부 회의도 있다. 편집자와 디자이너가 모두 참여해서 편집 진행상의 문제점들에 대해 의견을 나누고 방향을 수정한다. 디자인 쪽과의 일정도 서로 맞추는데, 가급적 퇴근 시간 직전에 교정지가 상대 파트로 넘어가지 않도록 신경을 쓴다.

담당 편집자는 서너 달 후에 나올 책까지 미리 정해 두는데, 책과 편집자의 궁합과 일정, "제 종교적 신념상 『종의 기원』 진행은 못 하겠습니다."와 같은 편집자의 개인적인 성향 등도 고려해 정한다. 그리고 책을 맡아 진행하기 직전에 원고 검토서와 한 장짜리 진행 일정표를 제출하게 해 편집 방향, 윤문과 교정·교열의 수위, 일정 등을 확정한다. 그렇게 원고를 맡긴 다음에는 나는 더 이상 편집자 편도 회사 편도 아니다. 책을 중심에 놓고 저자와 편집자, 출판사 사이를 오가며 챙기는, 책이라는 신생아의 아빠도 엄마도 아닌 산파의 역할이 편집장에 대한 적절한 비유가 될는지 모르겠다. 편집장이 산파라면, 편집자는 아빠 혹은 책에 따라서는 고통을 몸소 감내해야 하는 엄마가 되어야 하는 경우도 비일비재하다.

신간 기획과 외서 검토는 언어권별로 담당자를 정하는 등 편집자가 기획에도 주도적으로 참여할 수 있도록 하고 있는데, 현실은 그리 녹록지 않다. 하늘을 봐야 별을 딸 텐데, 항상 일정에 쫓기는 상황이다 보니 시간 내기가 만만찮다. 그나마 없는 시간을 쪼개어 '기획 집중기'라는 형태로 참여시키고 있다. 막상 책을 냈는데 매번 제 자식이 아니라는 생각이 들면 그것도 좀 황당하지 않겠는가. 출판기획은 책 전체의 꼴을 떠올리는 연습이라는 측면에서 편집에도 적잖은 도움이 된다.

그리고 저자와의 문제는 골치 아픈 경우가 아니면 대개 담당 편집자에게 맡긴다. 출판편집자로서 자신이 얼마나 운이 나쁜지를 알아보려면 막 들어온 초고 서너 개만 보면 된다. 이상한 원고 뒤에는 언제나 이상한 저자들이 있어, 이들은 책이 나온 다음까지 편집자를 괴롭힌다. 서너 달은 족히 시달려야 책이 나오는 경우도 있다. 저자를 생각하자니 책 꼴이 말이 아니고, 책을 생각하자니 내 심신이 피폐해진다. 열과 성을 다한다고 한들 벌이가 신통한 것도, 누가 떠받들어 주는 것도 아니니, 이는 텍스트 뒤에 숨어서 독자와 소통하는 편집자의 비애일 수 있겠다.

연초에 올해의 편집부 업무 목표를 짜면서 '새로운 시리즈의 안정적인 론칭' 등의 항목 가장 아래에 '행복한 책 만들기'를 집어넣었다. 책을 만들면서 팀원들은 행복했을까. 또 지금 나는 행복한 걸까. 사람

:: 2년 가까이 원고를 조정하고 편집한 책 『청소년을 위한 동양철학사』(왼쪽)와, 원고 의뢰부터 편집과 제작까지 통틀어 만 4일이 걸린 『내 방의 불을 꺼야 세상의 어둠이 보인다』. 후자의 제작발주서에는 "하늘이 무너져도 일정 내에 입고되어야 합니다."라고 썼다.

은 책을 만들고 책은 사람을 만든다고 하는데, 나나 우리나 사회가 행복하지 않다면 그건 책의 잘못일까, 사람의 잘못일까.

책은 사람살이를 닮았다

별별 사람이 다 있는 것처럼 별별 책들이 다 있어 오히려 즐겁다. 가끔은 책 때문에 속이 상하고 또 아주 가끔은 책에 회의를 느껴 이 바닥을 뜰까도 생각해 보지만, '그래도 책인데' 하는 그놈의 정 때문에 오늘도 교정지와 씨름한다. 그러고 보면 이 세상에 밥벌이 수단이 취미가 되고 친구가 되고 위로가 되어 주는 일이 편집 일 말고 또 있을까.

언젠가 책에 관한 구절을 읽다가 뜨끔했던 기억이 있다. 『장자』였다.

제나라 환공이 어느 날 대청에서 책을 읽고 있었다. 그때 마당에서 수레바퀴를 손질하던 늙은 일꾼이 환공을 보더니 일손을 멈추고 물었다.

"공께서 읽고 계시는 게 무슨 책입니까?"

"성인의 말씀을 적은 책이다."

"그 성인은 지금 살아 계십니까?"

"이미 오래전에 죽었다."

"그렇다면 공께서 읽으시는 것은 옛 사람의 찌꺼기이군요."

수레바퀴 깎는 노인은 자신의 노하우를 말이나 글로는 설명할 수 없다고 여겼던 모양이다. 도는 언어로 표현하는 게 불가능하다는 깨우침을 주려는 의도일 텐데, 책의 가치를 부정하는 듯한 분위기 때문일까. "가재는 게 편"이라고 처음에는 누가 내 사람 홍보하는 듯한 느낌이 들기도 했다. 하지만 환공이든 장자든 책이 있어 그네들 이름자라도 회자되는 것이니 찌꺼기라고 해서 책 체면을 구길 일은 분명히 아닐 것이다.

오히려 책이 무언가의 찌꺼기일 수도 있다는 사실에 마음이 놓였다. 예쁜 책도 책이고 못생긴 책도 책이라는 사실, 책의 가치는 사람살이와도 닮아서 사는 동안 얼마나 베풀다 가는지에 있음을 막연하게나마 느낀다. 그러니 책처럼 한 세상 마감한다고 해도 그렇게 억울해하지는 말자. 우리는 가고 없어도 한 명에게든 백 명에게든 책은 남는다.

개인적으로 생각하는 좋은 책은, 열 번의 이사에도 살아남고 또 누군가의 손에 오래도록 펼쳐져 있는 책이다. 손안에 다소곳이 놓인 책처럼, 살면서 누군가를 그렇게 안아 준 적이 거의 없으니 대신 책이라도 잘 만들어 사람들 품에 안겨 주고 싶다.

6장

출판편집자 정보 업그레이드

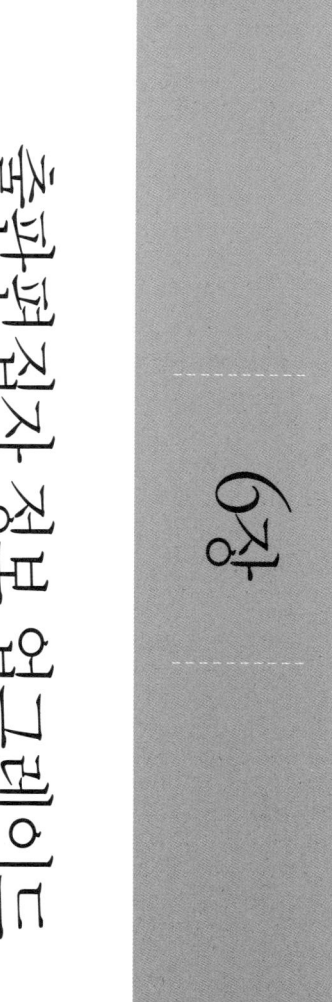

'에디터'에서 '에디팅 매니저'로

| 변정수 |

토마토출판사, 인물과사상사, 삼인출판사에서 편집자로 일했으며, 『오늘예감』, 『버전업』, 『당대비평』 등 계간지의 편집위원으로 일했다. 2003년 이후 한겨레교육문화센터, 서울북인스티튜트, 서울출판예비학교 등에서 강의하며 출판 교육 활동에 전념하고 있다.

　　책보다는 영상 매체에 익숙한 세대들에게 출판편집자라는 직업을 설명하기 위해 많은 이들이 흔히 출판편집자를 영화감독이나 방송연출자에 비유하곤 한다. 상상력을 더 발휘해 보면, 오케스트라의 지휘자나 전시장의 큐레이터에 해당한다고도 말할 수 있을 것이다. 전달하는 매체에 따라 다양한 직업으로 나타나기는 하지만, '의미를 나르는 상품'을 만들어 낸다는 점에서 본질적으로 같은 일이라는 의미이다.

　　그런데 영화감독과 출판편집자 사이에는 커다란 차이가 있다. 영화 한 편을 만들기 위해서는 적게는 수십 명에서 많게는 100명이 넘는 제작 스태프들이 움직여야 하며 영화감독은 이들을 지휘하는 역할을 하지만, 출판편집자는 그렇지 않다. 물론 책을 만드는 데도 수많은 사람들의 노력이 개입하지만, 편집자의 직접적인 통솔이나 지휘를 받지는 않는다. '1인 출판'이라는 개념이 나올 수 있었던 것도 그 때문이다. 하지만 이보다 더 큰 차이가 있다. 수십 년 전이라면 모르겠지만, 지금의 영화 산업 구조에서 영화감독이 영화사에 직원으로 고용되어 있는 경우는 없다. 작품 단위로 계약을 하고, 계약이 이루어진 뒤라 해도 투자를 받는 데 실패하면 고스란히 엎어지는 일도 비일비재하다. 그리고 아무도 그것을 이상하게 생각하지 않는다. 반면에 출판편집자라고 하면 으레 출판사에 취직하는 것으로 여기며, 일반 회사와 마찬가지로 정해진 시간 동안 일하고 그 대가로 정액 급여를 받는 직업으로 생각하는 것이 보통이다.

'출판사 취직하기'인가 '편집자 되기'인가

좀 달리 말해 보자. 출판업계에서는 일반인의 상식으로 잘 이해가 되지 않는 신기한 일이 많이 벌어지는데 그중에서 한 가지만 꼽으라면, 나는 '구직난'과 '구인난'이 공존하는 상황을 이야기하고 싶다. 출판편집자로 취업하기 위해 구직 활동을 하는 수많은 사람들을 두고도 출판사에서는 "사람이 없다."는 하소연을 계속하고, 애타게 일손을 구하는 출판사들이 적지 않은데도 구직자들은 "일자리가 없다."고 한숨을 쉰다. '사람을 구하는 출판사'와 '일자리를 구하는 사람'이 일시적으로 서로를 못 찾아서 나타나는 현상이 아니다. 단순히 그런 문제라면 대규모의 '취업 박람회' 같은 이벤트를 통해 이들을 만나게만 해 주어도 어느 정도 해결의 실마리가 보이겠지만, 그런 방식으로는 별다른 효과가 없을 것이라는 데 문제의 심각성이 있다. 왜 이런 일이 벌어질까. 거칠게 말해, 대부분의 구직자들이 찾는 일자리의 성격과 또 대다수 출판사들이 필요로 하는 일손의 성격 사이에 커다란 간극이 있기 때문이다.

출판편집자로 취업하고자 준비하는 사람들 중에는 '무슨 일이든 처음부터 잘할 수는 없고 실무 경험이 쌓여 가면서 능숙해지게 마련이거니와 책 만드는 일도 마찬가지 아니겠느냐.'는 식으로 생각하는 경우가 의외로 많다. 심지어는 경력이 쌓여 가면서 숙련도가 높아질 테니 그에 따라 일하기가 훨씬 수월해질 것이고, 나아가 당연히 같은 시간을 일해도 더 많은 대가가 돌아올 것이라고 기대하는 사람도 있다.

유감스럽게도 책이나 영화 같은 문화 상품을 만드는 일에서는 이 두 가지 생각은 모두 착각이다. 책 만드는 일은 처음부터 잘해야 하고 그럴 수 있는 사람만 출판편집자로 살아남는다. 만일 경력이 쌓여 가면서 책 만드는 솜씨가 좋아진다면, 뒤집어 말해 예컨대 1년차 초보 편집자가 만든 책은 10년차 베테랑이 만든 책보다 완성도가 허술하다는 뜻일 수밖에 없다. 그렇다면 그 허술한 책을 읽어야 하는 독자는 어쩌란 말이며, 출판사를 믿고 원고를 맡긴 저자는 또 어쩌란 말인가. 영화관에 가서 정당한 관람료를 내고 영화를 보는 관객은 그 영화를 만든 사람이 이제 막 데뷔한 감독이라고 해서 더 너그럽게 봐 주지 않는다. 연기가 어설픈 배우에게 "아직 신인이라서……."라는 말이 변명이 될 수 있을까. 경력이 쌓인다고 해서 달라지는 것은 책의 완성도에 대한 기대 수준이 아니다. 영화감독의 몸값이 궁극적으로 흥행 가능성에 따라 매겨지듯이 책임 규모에 대한 기대 수준이 달라질 수 있을 때만 편집자의 경력은 의미를 가진다.

따라서 경력이 쌓여 가면서 일머리가 결코 수월해지지도 않는다. 흔히 출판편집자를 요리사에 비유하기도 하지만, 책 만드는 일과 음식 만드는 일은 공통점보다 차이점이 많다. 가령 요리사는 김치찌개 하나만 기막히게 잘 만들고 매번 같은 맛을 유지할 수 있다면 김치찌개의 달인으로 인정받을 수 있다. 수십 년을 하다 보면 눈 감고도 그 솜씨를 발휘할 수 있을지도 모른다. 하지만 책은 한 가지 한 가지가 모두 새로운 상품이고 새로운 도전이다. '베스트셀러 제조기'라는 찬사를 얻은 편집자라고 해서 다음 책 또한 성공하리라는 보장은 어디에도 없다. 작은 규모를 움직이는 사람이 실수로 긴장을 놓치면 작은 손해가 나지만, 큰 규모를 움직이는 사람이 그러면 실수라고 하기에는 너무나 큰 손해가 발생한다. 책임의 규모가 커질수록 긴장도가 높아질 수밖에 없고 따라서 경력이 쌓이는 만큼 일의 부하가 훨씬 더 커지는 것이 출판편집자이다.

간추리자면, 출판사와 출판편집자의 관계도 영화사와 영화감독의 관계처럼 변해 가고 있는 것이다. 영화감독을 꿈꾸는 어느 누구도 영화사에 취직한다고 생각하지 않듯이, 단순히 출판사에 편집자로 취직한다는 생각만으로는 출판편집자를 직업으로 삼기 어렵다.

출판 환경의 변화와 출판편집자의 위상

이런 변화가 일어난 원인으로 크게 세 가지 정도를 꼽을 수 있다.

20년 전, 책을 만드는 일은 물리적으로 사람의 손이 많이 가고 품이 많이 드는 일이었다. 물론 지금이라고 해서 손이 덜 가고 품이 덜 들게 된 것은 아니지만, 그 성격은 사뭇 다르다. 그때는 한 사람의 책임편집자 아래 적게는 서너 명에서 많게는 수십 명에 이르는 편집자들이 손발을 맞춰야만 비로소 책이 만들어졌다. 그래서 마치 영화감독이 되기 위해 연출부에서 잔심부름부터 시작하듯이, 당장은 편집자로서의 소질이 보이지 않는 사람들도 활자 매체에 대한 친화력만 있다면 얼마든지 출판편집자의 길을 걸을 수 있었다. 몇 년 동안 선배의 어깨너머로 출판 일이 어떻게 돌아가는지 보고 듣고 깨우쳐 나가다 보면 어떤 사람은 잠재된 소질을 계발해서 책임편집자의 역할로 나아가기도 했고, 설령 그렇게 되지 못해도 오랜 세월 손에 익힌 숙련 노동이 필요한 일거리는 출판사 안에 얼마든지 있었다.

그런데 1990년대 초부터 시작된 인쇄 제작 환경의 변화로 인해, 아무런 현장 경험이 없는 초보자를 세월 속에서 숙련시킬 수 있는 기능적인 일거리들이 거의 사라져 버렸다. 편집 공정이 전산화되면서 처음부터 책임편집자의 역할을 감당할 수 있는 사람이 아니라면 출판사에서 할 일이 거의 없어져 버린 것이다. 이런 배경 속에서 "출판사들이 경력자만 원하면, 도대체 신입은 어디에서 경력을 쌓으라는 말인가?"라는 구직자들의 항변이 터져 나올 수밖에 없었던 것이다.

여기에 1990년대 후반 국제통화기금 구제 금융 사태를 계기로 촉발된 출판 시장 환경의 변화가 맞물리면서 구인과 구직 사이의 간극이 더욱 증폭되기도 했다. 출판 시장의 위축으로 말미암아 실패의 위험이 증가한 것이다. 이렇듯 경영 압박이 일상화된 조건에서는 공격적인 상품 개발과 위험 분산을 위해 회사 규모에서 수용이 가능한 편집자는 모두가 시장을 읽고 내다볼 줄 아는 유능한 책임편집자여야만 했다. 그러니 당장은 딱히 맡길 일이 없는 무경험자를 뽑아 긴 안목에서 훈련시켜 책임편집자로 성장시킬 여력이 없었을 것은 자명하다. 책 만드는 맵시에 관한 한 현장 경험 속에서 숙련된 편집자들이 헤아릴 수 없이 많은데도

:: 출판편집에 대한 다양한 책들. 이제 편집자는 '한 손엔 빨간 펜, 한 손엔 계산기'를 든 '에디팅 매니저'의 역할을 해야 한다.

출판사 입장에서는 "믿고 맡길 만한 사람이 없다."며 구인난을 호소하기에 이른 것도 그 때문이다.

게다가 이러한 시장 환경의 변화에 출판 산업이 조응해 가는 과정에서, 2000년대로 들어오면서 자본 집중이 심화되었다. 그리고 이것이 출판편집자의 위상 변화가 가시적으로 드러나게 된 직접적인 계기이다. 대규모 자본과 노동이 결합하는 하나의 방식으로 최근 빠르게 확산되는 임프린트 제도가 출판편집자의 변화된 위상에 시사하는 바는 명료하다. 그러나 다른 한편, 입지가 날로 급격하게 축소되는 소규모 출판사라고 해서 사정이 다르지는 않다. 영세한 규모에서 근근이 생존을 유지하려면 자본이 노동을 고용하는 전통적인 의미의 기업보다는 일종의 '동업자 조합'에 더 가까운 형태가 되어 갈 수밖에 없기 때문이다. 결국 대규모든 소규모든 출판편집자는 한 사람 한 사람이 '독립된 사업 단위'인 것이며, 그 단위의 경영자(매니저) 구실을 하며 움직여야 하는 것이다.

물론 책은 경제적 가치와 함께 문화적 가치를 지닌 문화 상품이다. 영화감독이 반드시 흥행 성적만으로 평가를 받는 것은 아니듯, 출판편집자의 능력도 단순히 투자 대비 효율로만 평가되지는 않는다. 하지만 일시적인 취미 활동이 아니라 지속적인 직업 활동이라면, 손해를 보면서도 그래도 의미 있는 일을 했다는 보람에 자족하는 것으로는 분명히 한계가 있다. 책을 만드는 일은 사람들 사이에서 '의미'를 만들어 내는 일임에 틀림없지만, 동시에 펄프 1그램도 안 나고 기름 한 방울도 안 나는 나라에서 종이에 잉크를 묻히는 '경제 활동'이기도 하기 때문이다. 게다가 사회적 비용에 대한 책임도 도외시할 수 없다. 아무리 정성을 다해 만든 음식이라도 먹어 주는 사람이 없으면 '음식물 쓰레기'에 불과하듯이, 아무리 공들여 만든 책도 읽어 주는 사람이 없다면 '폐지 더미'일 뿐이다.

소유할 것인가 존재할 것인가

이 같은 변화의 소용돌이를 온몸으로 겪어 낸 어느 편집자는 "편집자는 빨간 펜을 잡고 있을 때 행복하다. 계산기를 잡는 순간 불행해진다."라고 출판편집자의 진화 과정을 표현했다. '빨간 펜'으로 상징되던 전통적인 의미의 '에디터'가 아니라 '한 손엔 빨간 펜, 한 손엔 계산기'로 상징될 '에디팅 매니저'가 요구되는 것은 이제 엄연한 현실이다. 사업을 경영하는 일에는 소질이 있어도 텍스트를 다루는 데 소질이 없는 사람이 출판편집자로 일하기 어렵다는 것은 너무나 당연하다. 하지만 그 반대도 마찬가지다. 텍스트를 다루는 데 얼마간 소질이 있다고 해도 사업을 경영하는 데는 도통 소질이 없다면 출판편집자로 일하기 어렵다.

그런데 이 두 가지 능력을 꼭 무쪽 자르듯 나눌 수 있는 것일까. 가령 출판 현장 경험이 전혀 없는데도 적지 않은 나이에 우연히 출판사에 일자리를 얻고 불과 몇 달 만에 거뜬히 제 몫을 해내는 사람들이 수없이 많다. 심지어 출판과는 전혀 인연이 닿지 않는 일을 직업으로 가지고 있으며, 성실한 독자라는 점 외에는 출판이라는 직업을 꿈에서도 생각해 보지 않았을 것 같은 사람들 중에서도, 그야말로 "타고난 편집자다!"라는 감탄을 자아내게 하는 경우를 개인적으로 적잖이 알고 있기도 하다. 반면에 몇 년씩이나 현장에서 '종이 밥'을 먹었다는 경력 편집자들 중에도 선뜻 일을 맡기기가 도무지 미덥지 않은 사람들도 수두룩하다. 그 차이는 도대체 어디에서 오는 것일까. 그것은 아마도 산술적으로 계량할 수 있는 '경력'이 아니라 삶의 구체적 계기 속에서 축적된 '경륜'의 차이일 것이다.

편집자가 다루는 텍스트는 그저 글자들의 나열이 아니다. 인격으로서의 존엄을 지닌 한 사람이 펼친 '정신 활동'의 소산이다. 그 앞에서 겸손해질 수 없다면 제아무리 오랜 세월 텍스트 다루는 기술을 갈고 닦았다 해도, 그 텍스트의 가치에 걸맞은 책을 만들어 낼 수 없을 것이다. 텍스트를 제대로 다루기 위해 갈고 닦아야 할 것은, 해박한 지식이나 숙달된 기술이나 풍부한 실무 경험 따위가 아니라 다른 사람의 삶을 대하는 자세이다. 그리고 그것은 동시에 자신의 삶을 마주하는 자세이기도 하다. 요컨대 자신의 삶도 제대로 편집하지 못하는 사람이 어떻게 다른 사람의 정신이 담긴 텍스트를 감히 편집할 엄두인들 낼 수 있을까.

이렇듯 문제를 텍스트에서 삶으로 확장시켜 놓고 볼 수 있다면, 사업을 경영하는 일과 텍스트를 다루는 일을 가르는 것이 부질없어진다. 자신의 삶을 편집한다는 것이나 자신의 삶을 경영한다는 것이나 결국 같은 의미이기 때문이다. 그러니 위에서 전제했던 말은 이렇게 수정되어야 한다. 텍스트를 다루는 데 소질이 없는 사람이라면 사업을 경영하는 일인들 제대로 될 리가 없고, 혹시 일시적으로 수완을 발휘할 수 있다 해도 반드시 과욕이 사고를 부르게 되어 있다. 또 사업을 경영하는 데 소질이 없는 사람이라면 텍스트를 다루는 일을 제대로 해낼 수 없고, 혹시 겉으로 그럴싸해 보인다 해도 실은 공허한 관념 놀음에 불과할 것이다.

시인이 직업이 아니듯, 또는 손에 꼽을 만한 몇몇 스타급 외에는 때로 영화감독도 그 자체로는 직업이 아닐 수 있듯, 출판편집자도 그 자체로는 직업이 아닐 수 있다. 당장 손에 잡히는 시나리오가 없어서 또는 몇 년을 공들여 만든 시나리오를 들고도 투자자를 못 찾아서 영화를 못 찍고 있는 영화감독도 영화감독이듯, 또 영화를 못 찍고 있는 동안 생계를 위해 다른 일을 하고 있다 해도 그가 영화감독이라는 사실이 달라지지 않듯, 출판편집자도 마찬가지일 수 있다. 편집 일을 하고 있든 그렇지 않든 편집자로 살고 있는 사람이라면, 언제든 책을 만들 기회를 얻을 수 있는 출판편집자이다. 반대로 편집자로 살고 있지 못한 사람이라면, 정작 책을 만들 기회를 아무리 많이 주어도 아까운 종이로 '책'이 아니라 '폐지'만을 만들어 내는 게 고작일 것이다.

그래서 중요한 것은, '편집 일을 하는 것(TO HAVE a job for editing)'이 아니라 '편집자로 사는 것(TO BE as an editor)'이다.

출판편집자, 아는 만큼 보인다!

1. 출판편집자는 어떤 일을 하나요?

회사의 규모나 주요 출간 분야, 또는 경영 철학에 따라 구체적으로 하는 일의 범위에 큰 차이가 있기 때문에 한마디로 답하기는 어렵습니다. 가장 넓은 의미에서는 한 권의 책이 저자로부터 독자에게까지 전달되기 위해 필요한 '모든' 일을 한다고 할 수 있습니다. 특별히 회사 밖의 다른 업체에 맡기거나 회사 내의 다른 부서에서 전담하도록 되어 있는 일이 아니라면 모두 편집자의 일입니다.

크게 나누자면, 원고를 검토하여 출간 방향을 잡거나 거꾸로 출간 방향을 설정하여 원고를 입수하는 일, 저작권을 확보하고 유지하는 데 필요한 일, 원고를 교열하여 상품으로서의 완성도를 높이고 지면 위에 시각적으로 구현해 내는 일, 홍보를 위해 필요한 정보를 정리하여 문안을 만들어 내는 일, 다른 부서나 거래처에서 맡은 일이 제대로 진행되는지 점검하는 일 등이 있습니다. 하지만 이 중에서도 어떤 회사는 치밀한 교열 작업을 통해 텍스트의 완성도를 강화하는 데 큰 비중을 두고, 또 어떤 회사는 마케팅 전략을 수립하고 그것을 진행하는 데 역점을 두며, 또 어떤 회사는 저자를 발굴하고 신간 아이템을 창출하는 데 큰 힘을 쏟기도 하고, 어떤 회사는 디자인의 완결성에 공을 들이기도 합니다. 출판편집에 관한 교과서들은 한결같이 이 모든 일이 다 중요하다고 하지만, 어떤 회사는 텍스트의 완성도에는 크게 신경을 쓰지 않기도 하고, 또 어떤 회사는 마케팅 관련 업무는 영업 부서에 일임하거나 신간 기획을 전담하는 부서를 편집부와 별도로 운영하기도 합니다.

이렇게 회사에 따라 전혀 다른 종류의 일을 하게 되는데도 그 다양한 모습을 모두 출판편집자로 아우를 수 있도록 추상화한다면, '가치를 판단하고 의미를 가공하고 충돌을 조정하는 일'이 출판편집자가 하는 일이라고 할 수 있습니다.

2. 출판편집자가 되려면 꼭 대학을 졸업해야 하나요? 또 특정 분야를 전공해야 하나요?

특별한 전문 지식이 필요한 일이 아니기 때문에 대학을 꼭 나와야 하는 건 아닙니다. 하지만 대학의 교육 과정보다는 일반적으로 대학 생활 전반을 통해 얻을 수 있는 지적·정서적 체험을 다른 방법으로 확보하려는 개인적인 노력이 필요합니다. 따라서 전공도 크게 중요하지 않습니다. 출판편집자들 중에 인문·사회 계열 전공자가 많은 것은 사실이지만, 취업 과정에서 특별히 우대를 받았다기보다는 워낙 그쪽 전공자들이 출판편집자의 길을 택하는 경우가 많기 때문일 것입니다. 전공보다 더 중요한 것은 다양한 경험입니다. 어느 전공을 공부하든 학점에만 매달리는 공부로는 출판편집자로서의 자질을 계발하기가 어렵습니다. 과외 활동을 통해 풍부한 세상 경험을 하고 다양한 사람들과 일상적으로 교유함으로써 세상을 보는 시야와 사람에 대한 이해를 넓히는 것이 중요합니다. 특히나 일정한 가시적 목표를 설정하고 사업 계획을 수립하여 집행하는 과정을 주도해 보는 경험은 거의 필수라고 할 수 있습니다. 교지나 학보 등 학내의 출판 매체를 제작하는 과정을 경험할 수 있다면 아주 좋습니다.

3. 출판편집자가 되려면 외국어 능력이 필수인가요?

출판편집자에게 불필요한 능력은 없습니다. 외국어도 못 하는 것보다는 잘하는 것이 물론 좋습니다. 그러나 필수적이거나 결정적인 것은 아닙니다. 일반적으로 외국어 능력이 필요한 경우는 번역 출판 가치를 검토하기 위해 외서를 읽어야 할 때, 번역 원고를 교열하는 과정에서 원문을 대조하거나 외국어로 된 참고자료를 찾아봐야 할 때, 외국 출판사나 외국인과 계약 등의 업무 협의를 해야 할 때를 꼽을 수 있습니다. 출판편집자에게 외국어 능력을 요구하는 것은 이 때문입니다.

그러나 중요한 것은 이런 일을 실제로 해낼 수 있는가 하는 것이지, 눈에 보이는 외국어 시험 점수가 아닙니다. 외국어 능력이 아무리 출중해도 내용을 이해하는 데 필요한 배경 지식이 모자라면 실제로 아무 일도 할 수 없는 반면에, 외국어 능력이 좀 모자라더라도 잘 알고 있는 내용이라면 시간이 좀 더 걸릴 뿐이지 일을 하는 데는 문제가 없습니다. 물론 결과가 같다면 더 빠르게 일처리를 할 수 있는 사람이 유리한 것은 분명한 사실입니다만, 모자라는 외국어 능력을 상쇄하고 남을 만한 다른 능력을 갖추고 있다면 크게 문제가 되지 않습니다. 반면에 외국어는 유창하지만 인문적인 기초 소양이나 주력 출간 분야에 대한 배경 지식이 충분하지 못하다면 높은 평가를 받기 어렵습니다.

4. 출판편집자에게는 어떤 자질이 필요한가요?

책을 만드는 일은 저자와 독자 사이에 '의미'의 다리를 놓는 일입니다. 따라서 사회적으로 '의미'가 만들어지고 공유되고 확산되는 과정에 대한 깊은 이해가 필요합니다. 그래서 어느 분야의 책을 만들든 공통적으로, 세상을 넓게 보고, 사물과 사람의 삶에 관해 깊이 생각하고, 상황을 정확하게 판단하는 힘이 필요합니다. 이것을 통틀어 흔히 '인문적 소양'이라고 말하기도 합니다.

시간이 지나면서 일이 손에 익어 가는 숙련 노동이 아니기 때문에, 단순히 주어진 일을 수동적으로 성실하게 수행하는 것만으로는 부족합니다. 언제나 자신의 판단에 따라 적절한 대처 방법을 능동적으로 찾아내야 합니다. 따라서 스스로 판단하고 수행한 일의 결과에 대해 책임을 회피하지 않는 자세도 반드시 필요합니다.

아울러 출판편집자를 꿈꾸는 수많은 사람들 사이에서 경쟁력을 확보하려면, 자신이 만들려는 책들이 속해 있는 분야(또는 취업하려는 회사의 주력 출간 분야)에 대한 지적 배경이 탄탄해야 합니다. 저자 수준의 전문성까지는 아니더라도 최소한 그 책을 주로 읽을 독자들이 당연히 알고 있으리라고 기대하는 정도의 내용은 파악하고 있어야 합니다. 편집자는 '최초의 독자'이면서 '독자들의 대표'이기 때문입니다.

5. 출판편집자에게 필요한 '인문적 소양'을 기르려면 어떻게 해야 하나요?

기본적으로 세상 돌아가는 일에 무지하거나 무관심하지 않도록 애써야 합니다. 이를 위해서는 일간지를 하루에 한 시간 이상 정독하는 습관을 들이고, 종합 시사지 성격의 주·월간지 2종 이상을 비교하며 통독하는 것이 좋습니다. 일주일에 한 번 이상, 한 번에 3시간 이상 서점을 둘러보는 습관도 도움이 됩니다. 관심 분야의 신간 정보를 1년 이상 꾸준히 챙기면서 한 달에 5권 이상의 책을 사고(형편이 여의치 않으면 최소한 빌리기라도 하고), 일단 손에 넣은 책은 시간이 걸리더라도 반드시 다 읽도록 해야 합니다.

6. 출판사의 구인 광고를 보면 경력자를 선호하는 경향이 뚜렷한데, 경력이 없는 사람은 어떻게 출판편집자가 될 수 있나요?

경력 1~2년차를 구하는 경우라면 경력이 없는 사람에게도 가능성이 열려 있다고 볼 수 있습니다. 회사에 따라, 또 사람에 따라 차이는 있지만 대체로 경력 3년 정도는 되어야 한 사람 몫의 일을 할 수 있다고 보는 것이 통례이고, 그에 못 미치는 경력을 요구한다는 것은 사실상 초보나 다름없는 신참내기를 채용하여 조금 더 훈련시키겠다는 의미이기 때문입니다. 다만 현장 실무 경험이 조금이라도 있다면, 서투르더라도 곧바로 일의 진행을 맡길 수 있다는 이점을 보고 경력을 요구하는 것뿐입니다. 따라서 실무 경험이 없더라도 그 약점을 상쇄할 만한 다른 장점이 충분하다는 것을 보여 줄 수만 있다면 얼마든지 진입이 가능합니다.

출판사에서 편집자를 채용할 때 관심을 가지는 것은, 그 사람이 어떤 일을 해 왔는지가 아니라 어떤 일을 할 수 있을까 하는 대목입니다. 경력이란 그 사람이 맡게 될 일을 제대로 할 수 있을지를 가늠하기 위한 유력한 참고사항에 지나지 않습니다. 가령 "경력 3년 이상"이라고 명시되어 있는 경우라도 그것은 언제나 "그에 준하는 능력"이라는 의미를 포함하고 있습니다. 전혀 현장 경험이 없는 사람이 3년 이상 경력자에 준하는 능력을 보여 주기는 아주 어렵지만, 1~2년 정도의 경력자보다 나을 수 있음을 보여 주는 것은 충분한 시간을 두고 준비를 잘하면 도달할 수 있는 목표입니다.

먼저 출판편집자를 꿈꾸는 어느 누구도 모든 분야를 다 소화할 수 있는 만능이기는 어렵다는 사실에 착안해야 합니다. 자신이 가장 잘할 수 있는 분야로 범위를 좁혀 집중적으로 준비를 하는 것이 바람직합니다. 이때 주의해야 할 점은 막연하게 '만들고 싶은 책', '일하고 싶은 분야'가 아니라 '만들 수 있는 책', '다른 사람보다 더 잘할 수 있는 분야'를 선택해야 한다는 것입니다. 가장 유용한 방법은 자신의 독서 편력을 점검하는 일입니다. 가장 많은 책을 읽은 분야가 가장 잘 알고 잘 소화할 수 있는 분야입니다. 다만 이때 소설이나 시 등 순 문예물은 제외해야 합니다. 출판편집자에게 요구되는 능력은 해당 분야의 '평론가' 수준의 안목이기 때문입니다. 그러고 나서 그 분야의 출판 동향과 시장 여건 등을 본격적으로 연구하여, 이것을 정리된 문서(포트폴리오)로 표현하는 훈련을 꾸준히 해 나가는 방식으로 준비할 수 있습니다.

7. 포트폴리오는 어떻게 준비해야 하나요?

출판사에 제출할 수 있는 포트폴리오는 크게 세 가지를 생각해 볼 수 있습니다. 우선 출판 분야의 경력이 있는 경우라면 자신이 만들어 온 책 자체가 포트폴리오로서 유용하겠지요. 그러나 출판편집자로서 경력이 전혀 없거나 경력이 있다 해도 새로운 분야로 옮기려는 경우에는 다른 방식을 찾아야 합니다.

가장 유력한 방법은, 신간 아이템을 발굴하여 '출간 기획서'를 작성하는 것입니다. 출판편집자의 에디터십을 가장 총체적으로 보여 줄 수 있는 문서이기 때문입니다. 따라서 위험 부담도 큽니다. 어설프게 작성된 출간 기획서는 준비 부실을 가장 정직하게 노출시킬 수도 있기 때문입니다. 일부 회사에서는 아예 입사 지원 서류에 기획안을 포함시키기도 하지만, 명시적으로 요구하지 않더라도 포트폴리오를 첨부한다면 유리하게 작용할 수 있습니다.

다음으로 생각해 볼 수 있는 방법은 그 회사에서 발간한 책에 대한 '모니터링 보고서'입니다. 가장 많은 출판사에서 포트폴리오로 요구하는 문서이기도 합니다. 흔히 '서평'이라고 통칭하기도 하지만, 특별히 모니터링 보고서라는 용어를 제시하는 까닭이 있습니다. 실제로 서평을 제출하라고 해도 단순한 '독후감'을 작성하는 데 그치고 마는 분들이 많습니다만, '비평적 관점'이 개입되어야만 서평이라고 할 수 있습니다. 그러나 출판편집자로 일하려는 분들에게 요구되는 서평이란, 내용에 대한 비평적 관점의 확보만으로는 일을 할 수 있는 능력을 가늠하기에 부족합니다. 일반적으로 출간 기획서에 포함되게 마련인, 대상이 되는 책의 상품으로서의 콘셉트, 시장 전략, 편집 방향 등에 대한 종합적인 평가와 대안 제시가 있어야 합니다. 그런 점에서 서평을 요구하는 경우라도 모니터링 보고서라고 이해하는 것이 바람직합니다. 물론 따로 요구하지 않더라도 첨부하는 것이 좋습니다.

마지막으로 생각해 볼 수 있는 것은 '저자 파일'입니다. 지원하려는 회사의 주력 출간 분야에서 활동하고 있는 현역 저자는 물론, 잠재적으로 발굴 가능한 저자의 목록을 정리하는 것입니다. 이때 주의할 점은 인터넷 검색 등을 통해서 확보할 수 있는 정보를 단순히 나열해 놓기만 해서는 아무런 의미가 없다는 것입니다. 저자들의 글을 꼼꼼히 읽고 각 저자의 장점과 단점, 향후 저술 방향에 관한 전망 등을 자신의 관점에서 정리하여야 합니다.

8. 자기소개서를 쓸 때 특별히 주의해야 할 점이 있나요?

출판편집자의 채용 과정에서 자기소개서는 다른 직종보다 훨씬 중요합니다. 총체적인 인격이 업무 능력과 직결되기 때문입니다. 잊지 말아야 할 것은 자기소개서를 읽게 될 사람들이 전문적으로 텍스트를 다루는 사람들이라는 사실입니다. 하나 마나 한 얘기를 두루뭉술하게 늘어놓아서는 안 됩니다. 최대한 자신의 개성을 드러내되, 객관적인 설득력을 지니도록 써야 합니다.

출판사에서 입사지원서를 보는 사람들이 궁금해하는 것은 두 가지 주제입니다. 여기에 초점을 정확히 맞추어 불필요한 군더더기 없이 조리 있게 정리하는 것이 관건입니다. 하나는 '나는 왜 이 회사에서 일하려고 하는가.'입니다. 흔히 범하는 잘못이 있는데, 출판 시장의 동향과 지원하려는 출판사에 대한 연구가 부실하면 '나는 왜 출판편집자가 되려 하는가.'가 되어 버리기 쉽다는 것입니다. 다른 하나는 '나는 이 회사에서 무엇을 할 수 있는가.'입니다. 역시 흔히 범하는 잘못인데, 책을 만드는 구체적인 과정에 대한 고민이 막연하다 보면, '무엇을 하고 싶은가.' 하는 희망사항만을 피력하는 데 머물게 된다는 것입니다.

9. 면접 준비는 어떻게 해야 하나요?

면접의 핵심 주제는 자기소개서에 담겨야 할 내용과 같습니다. 여기에 덧붙여 대화에 임하는 태도가 중요한 평가 요소일 것입니다. 상대방의 말을 주의 깊게 잘 듣고 자신의 의사를 간결하고 정확하게 표현하면 됩니다. 무슨 일이든 열심히 잘할 수 있다는 식의 뻔한 모범 답안은 신뢰를 주기 어렵습니다. 할 수 있는 일과 할 수 없는 일을 정직하게 가름해서 할 수 있는 일은 자신 있게, 할 수 없는 일은 겸손하게 드러내야 합니다. 모든 면접은 상호 면접이라는 점도 반드시 기억해야 합니다. 특히나 출판편집자가 구체적으로 하는 일은 회사마다 전혀 다를 수 있기 때문에, 취업하게 되면 어떤 일을 하게 될지, 또 어느 수준의 능력을 요구하는지 정확하게 파악하고, 자신의 능력으로 소화가 가능한지, 또 그에 따르는 보수가 합당한지 등을 판단해야 합니다.

10. 출판편집자의 보수는 어느 정도인가요?

회사의 규모와 출간 분야의 시장 상황에 따라 천차만별입니다. 출판편집자의 보수는 대개 능력에 따라 결정되기 때문입니다. 기본적으로 현 출판 산업의 구조에서 출판편집자에게 지출될 수 있는 인건비는 대략 매출 총액의 10분의 1 정도를 최대치로 봅니다. 가령 연봉 2,000만 원을 받으려면 연간 매출 2억 원 이상을 책임져야 한다는 의미입니다. 회사의 규모가 커지면 급여 수준이 비슷해도 매출에 대한 책임은 더 커집니다. 일정한 생산 규모를 유지하기 위한 비용이 더 들어가야 하기 때문이지요. 대신 일반적으로 회사 규모가 커지면 기대할 수 있는 매출의 규모도 커지기 때문에 급여 수준은 더 높아지는 것이 보통입니다. 팀장급 이상이 된다면, 팀 전체의 성과에 따른 책임과 보상이 보수에 반영됩니다. 경력 3년 미만의 경우에는 생산성에 대한 책임을 묻기 어려우며 향후 활용할 인력에 대한 일종의 투자 차원이기 때문에, 회사의 지불 능력과 당사자의 기대 수준을 고려한 최소 금액으로 결정되는 것이 통례입니다.

11. 출판편집자의 노동 강도는 어떤가요?

편집자가 긴장을 놓치면 곧바로 사고가 날 수 있기 때문에 긴장의 연속이라고 할 수 있습니다. 책의 완성도에 대한 압박만이 아니라 성과에 대한 압박도 상존하므로, 완급 조절이 쉽지 않습니다. 수시로 모의고사를 통해 평가받아야 하는 수험생의 상황과 비슷하다고 할 수 있습니다. 꼭 잠을 줄여야 공부의 능률이 오르는 건 아니지만, 대개는 불안감 때문에 조금이라도 더 공부를 해 두려 하게 마련이지요. 편집자 역시 마찬가지입니다. 따라서 자기 관리에 철저하지 못하면 건강을 해치거나 능률이 떨어져 성과 관리에 실패하기 쉽습니다. 특히나 자기 계발에 따로 투자할 겨를이 없기 때문에 직업적 성장에 한계가 빨리 오기도 합니다. 효과적인 자기 관리가 직업적 성장의 가장 큰 관건입니다.

12. 출판편집자의 매력은 무엇이고, 언제 가장 큰 보람을 느끼나요?

출판편집자의 가장 큰 매력은 삶을 대하는 태도나 자세, 총체적인 삶의 방식이 일과 분리되지 않는다는 데 있습니다. 출판편집자로서의 직업적 능력은 기술(technic)보다는 인성(personality)에 더 많은 부분을 기대고 있기 때문입니다. 거꾸로 출판편집자로서의 삶과 어울리지 않는 성격을 가진 사람에게는 별다른 매력이 없다고도 말할 수 있습니다. 따라서 책을 만들면서 느낄 수 있는 여러 가지 보람 중에서도 가장 큰 보람은 일을 하면서 자신의 '사회적 인격'도 함께 성숙해 감을 깨닫는 것입니다.

13. 출판편집자로 일하면서 가장 어려운 점은 무엇인가요?

박봉과 격무, 고용 불안처럼 일반적으로 지목되는 열악한 조건도 쉬운 문제는 아니지만, 의외로 현장 편집자들이 가장 많이 꼽는 어려움은 '사람 관계'에서 오는 스트레스입니다. 책을 만드는 일은 처음부터 끝까지 사람을 만나는 일이며, 대개는 상대방의 인격과는 거의 무관한 기술적인 업무 능력이 아니라 총체적인 인격이 작용하는 내밀한 정신 세계와 '업무상' 맞부딪칠 수밖에 없습니다. 이 점을 분명하게 의식한다 해도 사람 관계란 언제나 조심스럽고 변수가 많게 마련이라 여간해서 익숙해지기 어렵습니다. 더욱이 으레 출판편집자라고 하면 혼자 조용히 앉아 원고 뭉치와 씨름하며 책의 꼴을 만들어 가는 모습만 연상할 뿐, 그 모든 과정이 실은 사람에 치이는 일이라는 데까지는 생각이 미치지 못한 채로 일에 뛰어들었다가 실상을 접하고 당황하면서 더욱 힘들게 느끼기도 합니다.

14. 출판편집자의 전망은 어떻습니까?

의욕과 패기를 가지고 출발했던 출판편집자들의 대다수가 대략 35세, 경력 10년 미만에서 도태되고 있는 것이 현실입니다. 물론 40세를 넘어서도 현역으로 활동하는 출판편집자들도 적지 않습니다. 무엇이 성공과 실패를 가르는 것일까요? 모든 일에는 관성이 작용하게 마련이지만, 출판편집자로 살아남는 데 가장 큰 장애물이 바로 관성입니다. 어느 정도 일머리에 익숙해지면서 자연스럽게 생겨나는 관성에 얼마나 의식적으로 저항해 내는가에 따라, 전망은 긍정적일 수도 부정적일 수도 있다는 것입니다. 늘 새롭게 도전한다는 자세를 치열하게 유지해야만 생존할 수 있다는 이 직업의 특성상, 안정적인 전망은 기대할 수 없다고 봐야 합니다. 꽤 성공한 것으로 평가되는 출판편집자가 겉으로 상당히 안정돼 보인다 해도, 그것은 언제나 생존의 위협에 놓여 있는 불안정한 조건을 기꺼이 감내한 대가일 뿐입니다.

15. 출판편집자가 되기 위한 교육 과정이 따로 있나요?

현재 한겨레교육문화센터(www.hanter21.co.kr)와 서울북인스티튜트(www.sbin.or.kr)에서 '출판편집자 입문 과정'을 운영하고 있습니다. 두 곳 모두 대략 40~50시간의 과정으로 주 2회 기준 2~3개월의 단기 과정입니다. 연간 5회 내외로 개설되고 있습니다. 그러나 이 과정을 성실하게 수료했다고 해서 취업하는 데 특별히 더 유리하지는 않습니다. 다만 출판편집자라는 직업의 성격을 정확하게 이해하고, 과연 직업으로 삼을 만한 일인지, 자신에게 그만한 능력과 자질이 있는지를 가늠할 수 있는 기회로 활용할 수는 있습니다. 반드시 출판편집자가 되겠다는 각오가 섰다면 구체적으로 어떤 준비를 어떻게 하는 것이 좋을지 적절한 안내를 받을 수도 있습니다. 즉 본격적인 취업 준비의 시작일 수는 있어도, 이 과정을 수강하는 것 자체로 '준비 완료'는 아닙니다.

이 밖에도 노동부의 국비 지원을 받아 무료 교육을 제공하는 서울출판예비학교(www.sbic.or.kr)가 있습니다. 연간 1회 개설하여 700시간 이상의 교육 과정으로 1일 7시간 주 5일의 전일제로 운영하고 있는데, 정부 지원 사업의 속성상 해마다 사업 승인을 받아 집행하는 방식이므로, 구체적인 교육 목표나 내용이 변경될 수도 있어 교육 과정의 성격을 개괄적으로 소개하기가 어렵습니다. 교육훈련생 모집이 개시되는 시기에 그 해의 교육 과정을 잘 살펴 전문가의 조언을 구하는 길이 최선입니다.

(정리 : 변정수)